Шеде W9-CLW-409
Государственнои
Третьяковской
галереи

Дизайн К.Журавлева

© *Государственная Третьяковская галерея,* 1994

Генеральный директор - Валентин Радионов

ISBN 5-86585-011-3

Шедевры
Государственной
Третьяковской
галереи

Благовещение
Конец XIV века. Константинополь
Дерево, темпера. 43 x 34

Древне – русская живопись XII – XVII веков

Автор-составитель
Ю.А. Козлова

Государственная Третьяковская галерея обладает первоклассным собранием образцов дневнерусского искусства, включающим в себя уникальные мозаики, фрески, иконы, миниатюры, предметы декоративно-прикладного искусства. Многие из них стали историческими реликвиями, неотъемлемой частью национальной духовной традиции, памятниками народного творчества и самобытного уклада жизни, выражающими нравственные и эстетические идеалы русского народа.

Традиция писать иконы пришла на Русь из Византии вместе с принятием христианства, и тогда же появились в русском обиходе греческие термины, связанные с иконописью: прежде всего само слово «икона», означающее «образ», «изображение». При этом следует иметь в виду, что подразумевается образ необычный — видимое изображение невидимого, вечного, идеального мира, недоступного для обыденного житейского взгляда и открытого для духовного созерцания.

Крещение Руси способствовало ее приобщению к византийской культуре, но отбор идейного и художественного наследия Византии производится отнюдь не ученически, но творчески и самостоятельно. В христианской культуре важнейшим является устремленность к внутреннему устроению человека, к его духовному совершенствованию. Эта обращенность к духовному миру человека наиболее последовательно выразилась в иконописи: именно в иконе нашел воплощение особый характер русской духовности с ее мягкостью, созерцательностью, проник-

Богоматерь Владимирская. Первая треть XII века. Константинополь
Дерево, темпера. 104 x 69

новенностью, искренней верой в созидающую силу добра и красоты.

Среди образцов византийской живописи выбирались те произведения, которые соответствовали нравственным и эстетическим принципам русских людей.

Спас Нерукотворный. Вторая половина XII века. Новгород. Дерево, темпера. 77 x 71 Фрагмент

Благовещение Устюжское. 1130—1140-е. Новгород. Дерево, темпера. 238 x 168

1158-м заложил для нее величественный Успенский собор, украсил ее драгоценным окладом. Предание связывает с перенесением в Москву прославленного образа спасение города от нашествия Тамерлана в 1395 году, от нападения татарских войск хана Ахмета в 1480-м.

Художественный образ иконы проникнут строгим молитвенным настроением. Богоматерь ласкает сына, нежно прижимает к себе, касаясь щекой его лика. Младенец одной ручкой обнял шею матери, другой тянется к ее лицу. Этот иконографический извод получил название «Умиление».

Лик Богоматери не излучает радости, он полон печали и скорби. Взгляд направлен прямо на зрителя, и в нем сквозит тревога за грядущую судьбу сына. Серьезен и сосредоточен лик младенца. Лики запоминаются и благодаря красивой живописной лепке. В изображении Богоматери теплый оливково-зеленый тон постепенно, деликатно переходит в розовый и красный, контрастируя с более нежной и светлой карнацией на лике младенца Христа. Высокая духовность и человечность, соединенные с высочайшим и виртуозным живописным мастерством, отличают этот выдающийся памятник мирового искусства, в равной мере принадлежащий и византийской и русской культуре.

Византийские иконы, подобные «Богоматери Владимирской», служили русским иконописцам образцами для постижения живописной премудрости. Копируя, изучая их, мастера Древней Руси учились творить и создавать произведения, созвучные национальным условиям, вкусам и идеалам.

Поразительна в этом смысле судьба «Богоматери Владимирской», византийской иконы, ставшей высокочтимой национальной святыней, сыгравшей совершенно особую роль в истории русской духовности. «Богоматерь Владимирская» была привезена на Русь в первой половине XII столетия и помещена в женском монастыре в Вышгороде под Киевом. В 1155 году князь Андрей Боголюбский перенес икону во Владимир, а в

Одной из древнейших русских икон в собрании Галереи является «Благовещение Устюжское», украшавшее Георгиевский собор Юрьева монастыря в Новгороде и привезенное в Москву в 1561 году Иваном IV Грозным вместе с другими новгородскими святынями. Большие размеры «Благовещения» указывают на важную роль этого изображения в интерьере грандиозного храма, из числа самых больших на Руси. Монументален и торжествен образный строй иконы. Стоящая Богоматерь слегка наклонила голову, смиренно внимая обращенным к ней словам архангела Гавриила: «Радуйся, Благодатная! Господь с Тобою; благословенна Ты между женами» (Лука, I, 28). Фигура Богоматери, окутанная вишневым мафорием, спокойна и величава. Архангел — небесный вестник — воспринимается более легким, светлым, исполненным движения, показанного изысканным ритмом складок его одежд. Живопись ликов отличается сложностью и многослойностью, плавными переходами от тени к освещенным частям, приемами моделировки, восходящими к эллинистической традиции. Связь с античным наследием проявляется и в разделке золотыми линиями прически архангела. Золотые волосы — символ величия и бессмертия — подчеркивают светоносность облика Гавриила.

В XII веке в Новгороде было создано еще одно замечательное произведение — двусторонняя икона «Спас Нерукотворный», на обороте которой представлено «Прославление креста». Первоначально «Спас Нерукотворный» находился в церкви Св. Образа на Софийской стороне Новгорода, позднее был перевезен в Москву. Лик Христа, окруженный

Богоматерь Великая Панагия (Оранта). Первая треть XIII века. Ярославль. Дерево, темпера. 193,2 x 120,5

крестчатым нимбом, вписан в плоскость иконной доски так, что композиционным центром становятся большие глаза, наделенные огромной выразительной силой. Образ Спаса впечатляет суровой, строгой и возвышенной красотой. Торжественный характер иконного изображения усилен золотыми линиями в волосах — примечательной особенностью, сближающей икону Спаса с «Благовещением Устюжским». Сходна и живописная лепка лика — мягкая, сплавленная, с тончайшими переходами от света к тени. Оборотная сторона с «Прославлением креста» написана в иной, более темпераментной и экспрессивной манере, вызывающей в памяти новгородскую монументальную живопись конца XII века, в частности фрески Спасо-Преображенской церкви на Нередице.

Подобное же соединение двух различных живописных манер в одном памятнике отличает другую новгородскую икону «Никола с избранными святыми на полях» (конец XII — начало XIII века), в которой столь же заметна разница в трактовке образа Николы в среднике и святых, помещенных на полях. «Никола» происходит из Новодевичьего монастыря, куда, согласно местному преданию, был привезен из Новгорода Иваном Грозным.

Никола, живший в IV веке епископ города Миры в Ликии (Малая Азия), был одним из самых почитаемых на Руси святых. Народ чтил Николу как защитника от различных бедствий и помощника в трудных обстоятельствах, называл его «чудотворцем», «скорым в помощи», «заступником роду крестьянского», верил, что он поможет в трудном пути, спасет от потопления при путешествиях по воде. На полях изображены популярные в Новгороде Козьма и Дамиан, Борис и Глеб, Флор и Лавр, Евдокия, Параскева и Фотиния. Лик Николы, с высоким лбом, впалыми щеками, напряженными бровями, поражает аскетичностью, духовной силой, работой мысли и своеобразным аристократизмом. Важную роль в создании образа играет цветовая гамма, заданная серебряным фоном (серебро — символ духовной чистоты и целомудрия). Избранные святые на полях написаны в иной живописной манере и цветовой гамме с применением киновари, лимонно-желтого, ярко-синего и вишневого.

Из Владимиро-Суздальской Руси происходит одно из самых поэтичных произведений русской иконописи XII века — «Спас Эммануил с архангелами» (конц XII века). На доске продольного формата помещены оглавные изображения Христа — отрока (Эммануила) и двух архангелов. Лик юного Христа спокоен и бесстрастен, но лики молитвенно склоняющихся к нему архангелов задумчивы и печальны. При этом печаль передана с таким поистине классическим чувством меры, что воспринимается ясной, просветленной и уравновешенной. Ощущение классичности и гармонии рождает неспешный ритм линий и неяркий, но чистый колорит. В цветовых созвучиях преобладают голубые и холодные розовые тона, оттененные нежным мерцанием золотого фона. Примечательной особенностью памятника являются розовые нимбы, которые подчеркивают аристократизм общего цветового решения и помогают созданию возвышенного и созерцательного настроения.

11

Успение Богоматери («Десятинное»). Начало XIII века. Новгород. Дерево, темпера. 155 х 128. Фрагмент

С древним Ярославлем, основанным Ярославом Мудрым и названным в его честь, связаны две прекрасные богородичные иконы XIII века: «Богоматерь Великая Панагия» и «Богоматерь Толгская».

«Богоматерь Великая Панагия» создана, вероятнее всего, в 1220-х годах для Спасо-Преображенского собора, завершенного в 1224 году. Величавой предстает в этой иконе Дева Мария, несущая на груди золотой медальон с образом Спаса Эммануила. Изображение младенца Христа, окруженное золотым сиянием, означает нисхож-

дение Господа на Землю и воплощение Его от Девы. Сама же фигура Богоматери в позе Оранты, т.е. молящейся, с молитвенно поднятыми руками, рождала у людей XIII века чувство, что перед ними зримое олицетворение и воплощение высших сил, взявших под свое покровительство город. Золото, символизирующее вечный свет и чистоту, определяет колорит иконы: фон, обильный ассист и украшения в сочетании с пурпуром царственным цветом — мафория Девы заставляют светиться белые нимбы. Белые нимбы — особенность этой

иконы — оттеняют детали красного цвета и обильные украшения из жемчуга (жемчуг символизирует непорочность и целомудрие, так же как белое). Пурпур, синий, белый, красный, оранжевый, зеленый объединены светоносным золотом в ликующий праздничный аккорд.

Художественное совершенство иконы «Богоматерь Великая Панагия» определило во многом дальнейшее развитие ярославской живописи. Бесспорно, мастер, создавший в конце XIII века «Богоматерь Толгскую», вдохновлялся прекрасным прослав-

ленным образом: у обеих икон перекликается несколько деталей — фибулы на плечах, жемчужная обнизь по кайме мафория и на поручах. «Богоматерь Толгская» происходит из Толгского монастыря близ Ярославля, основанного в 1314 году. По преданию, икона была обретена на том месте, где впоследствии основали монастырь. В ней использована редкая для русских богородичных изображений иконография: Богоматерь предсталена сидящей на троне. Младенец Христос стоит на коленях матери и пытается делать первые шаги. Мария поддерживает сына обеими руками, он обнимает ручкой ее шею и ласково прижимается щекой к ее лику. Образ «Богоматери Толгской» кажется более мягким и лиричным, прежде всего благодаря изысканным приглушенным цветовым созвучиям, подчиненным неяркому свечению серебряного фона. Все в этом произведении создает настроение сосредоточенной грусти, задушевности.

Икона «Архангел Михаил» (рубеж XIV—XV веков), некогда находившаяся в церкви Воскресения на Мячине озере в Новгороде, позволяет говорить о стилистическом многообразии новгородской живописи эпохи расцвета — XIV—XV веков. Киноварный гиматий (плащ) — доминирующее цветовое пятно — драпирован ломкими и острыми «готическими» складками, такими же заостренными линиями переданы драпировки на синем хитоне. Звучный контраст киновари и синего смягчен серебром фона. Золотой ассист на крыльях подобен негромкой мелодии. Изящные кисти рук с длинными острыми пальцами, асимметрично написанный лик дополняют ощущение хрупкой красоты этого образа.

Совершенно иное впечатление оставляет современная «Архангелу Михаилу» икона «Отечество» (начало XV века). Ее композиция наполнена сложнейшим богословским содержанием. В центре на престоле восседает Бог-отец, у него на коленях — Христос Эммануил (Христос в виде отрока), держащий перед грудью голубой диск с белым голубем — символом Святого Духа. Здесь наглядно изображено единство лиц Святой Троицы: Бога-отца, Бога-сына и Святого Духа. За спинкой престола два шестикрылых серафима, а по сторонам на башнях-столпах — столпники (подвижники, аскеты) Даниил и Симеон в монашеских мантиях. Белоснежные одежды Бога-отца контрастируют с другими изображениями, в которых преобладают различные оттенки коричневого и охры: цветовая гамма перекликается с колоритом монументальной новгородской живописи конца XIV века. Образ покоряет мощной духовной энергией, характерным для новгородской традиции стремлением сложные богословские догматы воплотить зримо, доходчиво и убедительно.

Если иконопись Новгорода поры расцвета привлекает зрителя ясностью, продуманностью, выверенностью построения, то псковская — экспрессивной живописной стихией, единственной в своем роде цветовой палитрой, необычайной свободой письма, какой-то особой страстностью выражения, редкими иконографическими изводами. К числу самых выдающихся образцов псковской школы принадлежит икона «Собор Богоматери» (конец XIV века), происходящая из Варваринской церкви в Пскове. Изображенное на иконе связано с текстом стихиры, исполняемой во время рождественских праздников. Согласно словам стихиры, все сущее воспевает и славит рождение Спасителя, все приносят ему свои дары, благодарность и восхищение. Вся композиция подчинена выражению радости, ликования по случаю Рождества Христова и преклонения перед Богоматерью, родившей Христа. Богоматерь восседает на фоне изумрудно-зеленых горок на престоле с асимметричной изогнутой спинкой, держа изображение Христа Эммануила, окруженное сиянием восьмиконечной славы. К ней устремляются волхвы с дарами, поющие ангелы, восхищенные пастыри. Прославляют Спасителя и Богоматерь чтец с раскрытой книгой и хор из трех диаконов, помещенные внизу в центре. Примечательной чертой этой иконы является введение в композицию двух полуобнаженных аллегорических фигур: Земли и Пустыни, восходящих к традиции античных олицетворений. Очень выразительна Аллегория Пустыни, принесшей в дар Христу ясли, в яркой киноварной драпировке, изображенная в сильном ракурсе и резком движении. Колорит построен на противопоставлении темно-изумрудного, оранжево-красного, ярко-желтого, вишневого и белого и отличается напряженностью и экспрессивностью.

Икона «Борис и Глеб на конях» принадлежит к иной художественной традиции, характеризующейся стремлением к нравственному идеалу и духовной гармонии. Написанная во второй половине XIV века предположительно художником, знакомым с псковской традицией, она находилась в Успенском соборе Московского Кремля. Братья-мученики представлены едущими на конях и повернутыми друг к другу, словно ведущими тихую, неспешную беседу. Младший, Глеб, написанный традиционно юным, безбородым, смотрит на старшего брата кротко и преданно. В основе композиции тексты житий, повествующих о чудесных явлениях святых в виде всадников.

Борис и Глеб — первые русские святые, сыновья киевского князя Владимира Святого, братья Ярослава Мудрого, вероломно убитые в 1015 году сводным братом Святополком

Борис и Глеб на конях. Вторая половина XIV века. Псков. Дерево, темпера. 128 x 75

15

Собор Богоматери. Конец XIV века. Псков. Дерево, темпера. 81 x 61

Окаянным и вскоре после своей гибели канонизированные. Они почитались как мученики-страстотерпцы, принявшие смерть ради единства Руси, преодоления вражды и розни и как защитники русской земли. Их называли «забралом», «броней» Руси, уподобляли «мечу обоюдоострому», обороняющему от недругов. В этой иконе их образ лишен муже-

ственного героического начала, подчеркнуты душевная тонкость, грация, кротость, особенно в облике младшего брата — Глеба.

К эпохе Куликовской битвы относится «Богоматерь Донская» с композицией «Успение» на обороте, первоначально хранившаяся в Успенском соборе г. Коломны, а при Иване Грозном перенесенная в Благовещенский собор Московского Кремля. Иконография «Донской» является вариацией Умиления, знакомого нам по уже описанной «Богоматери Владимирской». Но в «Богоматери Донской» иначе расположены руки Марии и младенца Христа. Заметная отличительная черта — обнаженные ножки Христа, опирающиеся на левую руку Богоматери. При этом эмоциональная наполненность образа другая: «Донская» впечатляет созерцательностью, мягкой и тихой грустью. Изысканно красив силуэт головы Богоматери, ее лик, излучающий свет любви и доброты, написанный в мягкой сплавленной манере. Подобно драгоценным камням, светятся детали глубокого синего цвета: клав (полоса) на плече Христа, свиточек в его руке, чепец и рукав хитона Богоматери. Интенсивность синего усилена золотом на одеждах младенца и на кайме мафория Богоматери. «Успение» на обороте трактовано в иной, более экспрессивной манере, заставляющей вспомнить монументальную живопись, фреску. Вполне возможно, что лицевая и оборотная стороны были написаны разными художниками, принадлежащими, вероятно, к разным иконописным школам.

Концом XIV века датируется также икона «Благовещение», поступившая из Троице-Сергиевой лавры. Интересно сравнить ее с древним об-

Феофан Грек. *Богоматерь Донская.* 1390-е. Дерево, темпера. 86 x 67

17

Архангел Михаил. Конец XIV — начало XV века. Новгород. Дерево, темпера. 86 x 63

разом XII столетия «Благовещением Устюжским», уже рассмотренным нами. В древней иконе все наполнено торжественной статикой, тогда как в композиции XIV века создано сложное, насыщенное динамикой пространство, образованное причудливой архитектурой. Движение, пронизывающее архитектуру, является отзвуком действия, которое наполняет сцену: стремительно идущий архангел обращается в Деве Марии, по-

корно склоняющейся в ответ на его слова. Закругленные линии силуэта Богоматери повторяются в архитектурных формах, подчиненных круговым ритмам, предвосхищающим гармоничность построений в произведениях А.Рублева.

Творчество Андрея Рублева традиционно воспринимается как вершина русской иконописи. В его искусстве нашел воплощение идеал духовной углубленности, душевной гармонии и нравственного совершенства, разработанный преподобным Сергием Радонежским — основателем и первым игуменом Троице-Сергиева монастыря.

«Спас» и «Архангел Михаил» (начало XV века) входили в состав деисусного чина из Звенигорода. Иконы звенигородского деисуса своим духовным содержанием вдохновляли молящегося, подвигали его к нравственному совершенствованию, к достижению духовной гармонии. Лик Спаса полон спокойного участия, расположенности, излучает доброту и любовь. В его чертах ощущается соотнесенность с национальным русским идеалом красоты: небольшие глаза, высокие скулы, стройная шея, золотистый тон русых волос и бороды. Вместе с тем это чувство деятельной любви и сочувствия сочетается в образе Спаса Рублева с некоторой отрешенностью, почти недоступностью для зрителя. «Архангел Михаил» кажется не столь далеким, поскольку его лик написан крупнее, нежели лик Спаса, он как бы приближен. Живопись «Архангела» отличается просветленным созвучием чистых голубых, розовых, золотистых и охристых тонов.

Главным творением Андрея Рублева, вершиной его искусства явилась

«Троица», самая прекрасная и совершенная русская икона. Она создавалась для иконостаса Троицкого собора Троице-Сергиева монастыря. Представлено триединое Божество в образе трех ангелов, восседающих вокруг стола, в центре которого чаша — олицетворение искупительной жертвы Христа. Изображение на иконе интерпретируется по-разному. Согласно одной из трактовок, ангел, помещенный в центре, олицетворяет второе лицо Троицы — Христа, так как облачен в его традиционные одежды: вишневый хитон с золотым клавом (полосой) на плече и синий гиматий. Левый ангел — это первое лицо Троицы, Бог-отец, правый ангел — Святой Дух. Глубоким смыслом наполнена каждая деталь композиции: палаты позади Бога-отца означают мудрость божественного устройства мироздания и вместе с тем они и символ храма, земной церкви; древо в центре, склонившееся над Христом, — это Древо жизни, скала за Святым Духом — символ возвышенного и одновременно знак духовной стойкости и силы. Таким же многозначным смыслом преисполнена и сама композиция, основанная на простых геометрических построениях: три ангела включены в треугольник — символ троичности, треугольник вписан в восьмигранник — символ вечности, и все заключено в круг — знак высшей непреходящей гармонии. Плавные круглящиеся ритмы объединяют все детали изображения в целостный гармоничный образ. Красота и чистота колорита, высокое совершенство и возвышенная простота композиции наглядно, зримо и явственно доносят до каждого важнейший догмат православия — равносущность и едино-

Отечество с избранными святыми. Начало XV века. Новгород. Дерево, темпера. 113 x 88

19

сущность трех ипостасей Божества. Наряду со сложным богословским содержанием икона для современников Андрея Рублева имела вполне реальный и актуальный смысл, соотнесенный с конкретными событиями тогдашней русской действительности. По преданию, «Троица» создавалась в похвалу преподобному Сергию Радонежскому, утвердившему на Руси культ триединого Божества, «да воззрением на Святую Троицу

Андрей Рублев. Деисусный чин («Звенигородский»)
Начало XV века. Дерево, темпера

Спас. 158 x 106. Фрагмент
Архангел Михаил. 158 x 108
Апостол Павел. 160 x 109

Андрей Рублев. *Троица*. 1420-е. Древо, темпера. 142 x 114

побеждается страх ненавистной розни мира сего», ради торжества идеала согласия и единения русских людей. «Троица» А.Рублева по праву считается одним из самых совершенных выражений эстетических и нравственных идеалов русского народа.

Если в живописи Центральной Руси на протяжении XIV—XV веков преобладало поэтическое, созерцательное направление, то искусство Новгорода развивалось в ином ключе: оно отличалось большей экспрессией, внутренней энергией, нередко было одушевлено идеями новгородской вольности и противостояния объединительной политике Московского государства. Ярчайшим примером этих настроений может служить икона «Битва новгородцев с суздальцами» (середина XV века); в литературе встречается также ее другое название: «Знамение от иконы Богородицы». Сюжет основан на конкретном историческом событии. В феврале 1170 года объединенные войска нескольких русских княжеств под предводительством Мстислава Андреевича, сына Андрея Боголюбского, подошли к Новгороду и осадили его. 25 февраля произошло сражение, закончившееся полным и сокрушительным поражением суздальцев. Чудесное избавление Новгорода от неприятеля, значительно превосходившего силы его защитников, отразилось в летописях, сказаниях и легендах. По новгородским преданиям, город был спасен чудесным заступничеством чудотворной иконы «Богоматерь Знамение», сохранившейся до наших дней и ныне находящейся в Новгородском Софийском соборе.

Автор иконы, вероятно, хорошо знал различные варианты сказаний и изобразил событие в виде трех по

Успение Богоматери («Голубое»). Вторая половина XV века
Дерево, темпера. 113 x 88

следовательных и связанных между собой эпизодов. Каждому эпизоду отведено место в композиции, разделенной на три регистра. Верхний, заметно больший по размерам, посвящен перенесению чудотворной иконы из церкви Спаса на Ильине улице на другой берег Волхова в Софийский собор. В средней части показано, что

Богоматерь Умиление (Любятовская). Середина XV века. Псков. Дерево, темпера. 109 x 77

могающие сокрушить суздальцев; у последних строй рассыпается, всадники падают на землю и гибнут под копытами коней.

Созданная в середине XV века, икона эта напоминала новгородцам о славных победах в прошлом, о покровительстве чудотворного образа и предрекала грядущие сражения с Цертральной Русью, поскольку в ту пору суздальцы ассоциировались с москвичами. В ней явственно отразилось дипломатическое и политическое напряжение, существовавшее между Новгородом и Москвой в канун присоединения Новгорода к Московскому государству.

Ореол поэтичных легенд окружает псковскую икону XV века «Богоматерь Умиление (Любятовская)», прежде находившуюся в Никольском монастыре на Любятове близ Пскова. Согласно одному из преданий, в 1570 году царь Иван IV Грозный шел с войском на Псков «казнить псковичей» и остановился ночевать в Никольском монастыре; наутро стоя в церкви, слушая пение и взирая на чудотворную икону «Умиление Божией Матери», царь умилился сердцем и сказал воинам: «да перестанут убийства». В 1581 году, когда армия польского короля Стефана Батория осадила Псков, солдаты короля кололи и рубили икону: возле правого поля доска пробита насквозь, на живописи в разных местах видны следы ударов.

Несмотря на повреждения, живопись «Любятовской» довольно хорошо сохранилась и очаровывает задушевной интонацией, нежным и грустным выражением лика Богоматери; останавливает взгляд интимный и трогательный жест младенца, касающегося ручкой материнской щеки. Примечателен излюбленный псков-

икона установлена на крепостной стене, за которой скрываются защитники Новгорода; из крепостных ворот выехали парламентеры для переговоров с суздальцами, но те вероломно нарушают переговоры и начинают обстреливать из луков стены и икону Богоматери. Нижний регистр повествует о победе новгородцев: из ворот крепостной башни выезжает рать, во главе которой три святых воина — Георгий, Борис и Глеб, по-

Дионисий
Богоматерь Одигитрия. 1482
Дерево, темпера. 135 x 111

ский колорит с преобладанием киновари и заслуживает внимания достаточно редкая деталь — киноварные
нимбы с золотым травным узором.
    Тверь в течение почти двух столе-
тий была соперницей Москвы, пре-
тендуя на роль общерусского идейного и политического центра. В Тве-
ри сформировалась самобытная ху-
дожественная традиция, оригиналь-
ное местное иконописание. К числу
наиболее замечательных памятников
тверской школы принадлежит «Успение» (вторая половина XV века),
прозванное «Голубым» за красивый
колорит, в котором доминируют различные оттенки голубого цвета. В основе композиции, посвященной кончине Богоматери, апокрифические
тексты и поучения святых отцов.
Данный иконографический извод получил название «облачного» *Успе-*

Дионисий. *Распятие.* 1500. Дерево, темпера. 85 x 52

25

Прокопий Чирин
Никита Воин. 1593. Строгановская школа
Дерево, темпера. 29 x 22

ния, поскольку включает изображения апостолов, летящих на облаках в сопровождении ангелов. По преданию, апостолы, чудесным образом перенесенные к дому Богоматери с разных концов земли, присутствовали при ее кончине. Христос спустился с небес и принял душу Богоматери, представленную в образе спеленутого младенца, которого Христос держит в покровенных руках. В верхней части композиции, в центре, помещено Вознесение Богоматери с довольно редким эпизодом — передачи пояса апостолу Фоме. В тексте из сказаний об Успении повествуется о том, что апостол Фома опоздал и прилетел, когда Богоматерь возносилась на небо, и получил от нее на память пояс. Среди апостолов, стоящих у ложа Марии, находятся также

скорбящие жены иерусалимские и два святителя. Сложная многофигурная композиция, включающая в себя несколько разновременных и разнопространственных эпизодов, отличается классической ясностью построения, красивым ритмическим рисунком, аристократизмом колорита.

Во второй половине XV века искусство Москвы было разнообразно в стилистическом отношении, но ведущей оставалась тенденция к созданию образа небесного блаженства, мира идеального, основанного на любви и согласии. Наиболее полно она воплотилась в творчестве Дионисия. Подобно Рублеву, он соединял талант монументалиста с даром иконописца. В 1500 году Дионисий написал иконы для Троицкого собора Павлова Обнорского монастыря близ Вологды, откуда происходит «Распятие», дающее исчерпывающее представление о характере творчества этого мастера.

В центре — крест с распятым телом Христа, слева — Богоматерь с иерусалимскими женами, справа — любимый ученик Христа Иоанн Богослов и Лонгин-сотник. Примечательной чертой иконы Дионисия являются помещенные над перекладиной креста плачущие ангелы и чрезвычайно редкие в русской традиции фигуры улетающей побежденной Ветхозаветной церкви и прилетающей ей на смену Новозаветной. Икона лишена драматизма, трагического звучания и наполнена возвышенной созерцательностью, отрешенностью, просветленностью. Светел и чист колорит, в котором холодные цвета сияют как драгоценные камни на золотом фоне.

Творчество Дионисия еще долго оказывало воздействие на русскую живопись XVI века, но в эпоху Ивана IV Грозного постепенно складывались новые традиции, для которых, с одной стороны, были характерны назидательность, своеобразный академизм, тенденция к консервации устоявшихся композиционных и живописных приемов, а с другой — стремление к изысканности, утонченной красоте. К последним годам царствования Ивана Грозного относится икона «Дмитрий Солунский», написанная для церкви Дмитрия Солунского Никитского монастыря в Москве, обновленной в связи с рождением последнего сына царя — царевича Дмитрия. Воин-мученик, святой патрон царевича Дмитрия, изображен в воинских доспехах, с копьем и щитом в руках, шлемом, напоминающим реальные западноевропейские шлемы эпохи Ренессанса, но при этом с венцом — символом мученичества — на голове. В его образе акцентированы не героическое начало, но аристократическое изящество, рафинированность, придворная грация. Заметную роль играют орнаментальные мотивы, перекликающиеся с узорами прекрасных ювелирных изделий эпохи Грозного. Оливковые тона, плотный зеленый, темное охрение лика сообщают некоторую сумрачность колориту.

Характерная для эпохи Грозного тенденция к утонченности нашла свое развитие и продолжение в искусстве мастеров так называемой строгановской школы, художников, состоявших на царской придворной службе, но выполнявших и сторонние заказы, в частности Строгановых — богатых промышленников Русского Севера. Икона «Никита воин», созданная в 1593 году Прокопием Чириным, позволяет составить представление об этой школе. Великомученик Никита изображен в бла-

Дмитрий Солунский. 1580-е. Москва. Дерево, темпера. 119 х 86,5

27

гоговейной молитвенной позе. Фигура его хрупка, едва касается земли. Яркие, подобные драгоценным эмалям и камням, краски горят на темном оливковом фоне, показательном для многих строгановских икон. Особенностью являются также небольшие размеры и обусловленные этим миниатюрная манера письма и преобладание сугубо графических приемов, родственных гравюре и ювелирному искусству.

Симон Ушаков. (1626—1686). *Древо государства Московского.* 1668. Дерево, темпера. 105 x 62

Вторая половина XVII века — чрезвычайно интересная и насыщенная эпоха, когда завершались многовековые традиции древнерусской культуры и зарождалось искусство нового времени. Крупнейшим мастером этого периода был Симон Ушаков. Икона «Древо государства Московского» написана С.Ушаковым для церкви Троицы в Никитниках в Москве в 1668 году, о чем сообщено в надписях на лицевой стороне. В цен-

тре медальон с Богоматерью Владимирской — прославленной иконой, палладиумом Москвы. Чудотворный образ окружен ветвями символического древа, произрастающего из Успенского собора Кремля. У корней древа — основатели Московского государства митрополит Петр и князь Иван Калита. На ветвях древа медальоны с изображением царей, иерархов, преподобных и юродивых, среди них Александр Невский, царь Федор Иоаннович, царевич Дмитрий, Сергий Радонежский, Василий Блаженный и другие святые, своими подвигами и благочестием утвердившие авторитет Москвы как общерусского духовного и политического центра. В композицию включены портретные изображения живших в то время царя Алексея Михайловича и его первой жены Марии Ильиничны с двумя сыновьями — Алексеем и Федором, тем самым как бы соединено реальное и символическое пространство, но в целом построение иконы остается традиционным и условным. Подобное сочетание традиционной схемы с некоторыми деталями, взятыми из реальной жизни, из западноевропейских гравюр и книжных иллюстраций, показательно для многих образцов иконописи этой поры.

В недрах древнерусской иконописи постепенно возникали новые, светские формы и виды искусства, окончательно оформившиеся в период реформ Петра I. Но и после реформ Петра наследие многовековой древнерусской живописи продолжало оказывать влияние на национальную художественную культуру, сохранялась и иконопись, в которой традиционные формы соседствовали с произведениями, близкими к светской портретной или жанровой живописи.

ЗЕЛЕНЦОВ К.А. (1790—1845)
В комнатах
Холст, масло. 37 x 45,5

Живопись
XVIII –
первой
половины
XIX века

Автор-составитель
И.М. Жаркова

Русская живопись XVIII — первой половины XIX века отличается глубиной содержания и приверженностью идеалам гуманизма, своеобразием национального стиля, высоким уровнем художественного мастерства. В начале этого периода она приобретает ярко выраженный светский характер, стремясь к правдивому, точному воспроизведению реального мира. Эпоха петровских преобразований, быстрого культурного подъема России внесла в искусство новое содержание, основу которого составляла идея служения государству. Утверждалась ценность человеческой личности, ум, знания и силы которой приносят пользу Отечеству. Уже не родовитость, а личные способности, восприимчивость к новому становятся наиболее значимыми качествами. Иные требования, стимулируя рождение творческих сил, позволили «выбиться в люди» лицам, не принадлежащим к высшим сословиям, но одаренным и деятельным. Именно Петровская эпоха дала мощный толчок развитию портретного жанра. В это время складываются новые черты русской портретной школы, нашедшие отражение в работах крупных мастеров как первой половины столетия — И.Н.Никитина, А.Матвеева, И.Я.Вишнякова, так и второй его половины — Ф.С.Роко-

КАРАВАКК Л. (1684—1754). *Портрет цесаревны Анны Петровны.* 1725. Холст, масло. 91,2 x 73,4

33

това, И.П.Аргунова, Д.Г.Левицкого, В.Л.Боровиковского.

Культура эпохи Петра представляет собой качественно новый этап развития. Вместе с тем она является своеобразным сплавом традиций и новаторства, исконно русского и усвоенного из опыта

НИКИТИН И.Н. (1680-е — не ранее 1742). *Портрет царевны Натальи Алексеевны.* 1715—1716. Холст, масло. 102 x 71. Фрагмент

ВИШНЯКОВ И.Я.(1699—1761). *Портрет князя Ф.Н. Голицына.* 1760. Холст, масло. 119,3 x 68,2

Западной Европы. Необычайная тяга к знаниям стала характерной чертой времени. С этим связано приглашение иностранных мастеров из Голландии, Франции, Италии, немецких земель. Но, используя чужой опыт для решения национальных задач, русское искусство не стало подражательным. Сама эпоха дала достаточно тем и идей, наполнивших литературу, изобразительное искусство и архитектуру большим внутренним содержанием.

Желая ускорить процесс создания новой русской культуры, Петр посылает за границу пенсионеров учиться наукам и художествам. Среди них выделяются живописцы И.Н.Никитин и А.Матвеев. Третьяковская галерея располагает только произведениями Никитина.

Творческая биография «персонных дел мастера» Никитина коротка, а судьба трагична, как у большинства «птенцов гнезда Петрова». Он родился в Москве в семье священника. Никитин рано стал известен царю — уже в 1715 году писал его портрет с натуры, о чем засвидетельствовано в «Походном журнале» Петра. Тогда же, не позднее 1716 года, был исполнен портрет его младшей любимой сестры, царевны Натальи Алексеевны. Наталья Алексеевна была женщиной Петровской эпохи. Единомышленница и помощница брата, она владела иностранными языками, переводила и писала пьесы для театра, которому покровительствовала, выступала как распространительница непривычной для Руси западной культуры. Портрет передает образ умной женщины с твердым характером. В том, что он был написан с натуры, убеждает точность рисунка лица, вплоть до морщинок у глаз, индивидуальных особенностей выразительной складки губ. Торжественность портрета подчеркивают костюм (парчовое платье, бархатная мантия с горностаем) и высокая прическа с драгоценными украшениями. Величественная сдержанность позы, барочная динамика складок богатой одежды придают парадность небольшому по размерам портрету. Петр I высоко оценил талант Никитина, назвав его «добрым мастером» и послав учиться в Италию (1716—1719), а по возвращении назначил придворным художником. После смерти царя Никитин постепенно теряет прежних покровителей и заказчиков. В 1732 году, в правление Анны Иоанновны, вовлеченный сетью интриг в «дело Родышевского» о «пасквиле» на Феофана Прокоповича, он был арестован. Дело рассматривала Тайная канцелярия, известная своей жестокостью, и в ноябре 1737 года по ее приговору Иван Никитин был бит кнутом и сослан в Тобольск. После помилования и присяги императрице Елизавете Петровне

АНТРОПОВ А.П. (1716—1795). *Портрет Д.И.Бутурлина.* 1763. Холст, масло. 60,9 x 47,7

в 1742 году художник покинул место ссылки, но вскоре, вероятно в дороге, умер.

Среди приглашенных Петром иностранцев — приехавший в 1716 году из Марселя француз Людвиг Каравакк. Он нашел в России вторую родину. Каравакк привез из Франции хорошее знание стиля

РОКОТОВ Ф.С. (1735—1808). *Портрет князя И.И.Барятинского.* Начало 1780-х
Холст, масло. 64,2 x 50,2 (овал)

барокко и недавно возникшего стиля рококо. Большее внимание он уделял декоративности живописи. Это ощутимо в «Портрете цесаревны Анны Петровны» (1725). Анна Петровна, сосватанная отцом за герцога К.-Ф.Гольштейн-Готторпского, изображена невестой, в белом парчовом платье со звездой и лентой ордена Екатерины. Горностаевая мантия, подчер-

кивающая принадлежность к царскому дому, заткана золотом. Некоторая статичность позы изображенной соответствует задаче портрета: представить официальный образ цесаревны невесты. Колорит портрета построен на сочетании красного, золотистого и серебристо-белого.

По условиям договора Каравакк имел много русских учеников, среди которых выдающимся стал И.Я.Вишняков. Расцвет его творчества падает на эпоху Елизаветы Петровны, 1740—1750-е годы, отмеченные новым подъемом культуры и общественной жизни. Современники видели в Елизавете достойную преемницу Петра Великого. Это время ознаменовано научной и поэтической деятельностью М.В.Ломоносова, открытием основанного им в Москве Университета, а затем Академии художеств в Петербурге. Пафос расцвета Русского государства лучше всего выразился в архитектуре. Грандиозные дворцовые ансамбли, построенные по проектам В.В.Растрелли, по его же словам, «для одной славы всероссийской», украсили Петербург и его окрестности.

В тесной связи с архитектурой той поры развивалась декоративная живопись. В роли декораторов работают как известные иностранные художники: Д.Валериани, А.Перезинотти, С.Торелли, так и русские мастера: И.Я.Вишняков, А.П.Антропов, братья И.И.

и А.И.Бельские, Иван Фирсов, Борис Суходольский. Декоративный характер искусства 1740-х годов оказал влияние на портретную живопись. Господствующее положение среди портретистов занимали иностранные мастера, вновь приехавшие в Россию, из которых лучшими были Г.-Х.Гроот, П.Ротари, Л.Токке.

«Конный портрет Елизаветы Петровны с арапчонком» (1743) Гроота — образцовый пример стиля рококо, проявившего себя в композиции и в колорите картины. На фоне пейзажа, построенного на перламутровых переливах цвета от голубого и зеленого к серебристому и розовому, дана грациозная фигурка всадницы в зеленом мундире Преображенского полка на черном коне, украшенном красными лентами. Изящность силуэта гарцующей лошади, танцевальные движения арапчонка, его разноцветная одежда вызывают ассоциации с театром или миниатюрными фарфоровыми статуэтками.

Русские мастера были приверженцами реалистической традиции в портрете. После Никитина и Матвеева ее продолжили И.Я.Вишняков, А.П.Антропов и И.П.Аргунов. Каждый из них — художник с яркой индивидуальностью, но общей чертой их была верность натуре, умение выразить своебразие характера человека.

РОКОТОВ Ф.С. *Портрет А.П.Струйской*. 1772. Холст, масло. 59,8 x 47,5

И.Я.Вишняков завоевал себе признание, в особенности как мастер детского портрета. Талант Вишнякова таким образом оценил в частном письме генерал-прокурор П.И.Ягужинский: «...оный Вишняков при списывании детей

ЛОСЕНКО А.П. (1737—1773). *Прощание Гектора с Андромахой* (Гекторово прощание). 1773. Холсмт, масло. 155,8 x 211,5 Фрагмент

его персон показал свою работу так, как прямому мастеру надлежит». Способность передать живую непосредственность выражения детского лица проявилась и в портрете мальчика Ф.Н.Голицына.

А.П.Антропов, сын мастера-оружейника, выучился живописи в Канцелярии от строений, где был учеником сначала А.Матвеева, затем М.Захарова, И.Я.Вишнякова, Л.Каравакка и, как сам писал, «напоследок находился на своем коште при художнике Ротари». Антропов, как и все живописцы 1730—1750-х годов, много занимался декоративной живописью, в том числе расписывал Андреевский собор в Киеве, но своеобразие его дарований раскрылось именно в портрете. Антропов изображает человека без прикрас, его характеристики конкретны и точны. Несмотря на некоторую скованность манеры письма, он убеждает зрителя в жизненности образа. Д.И.Бутурлин на портрете энергичен, умен, насмешлив. Прямолинейность портретных характеристик, сочные контрастные цветовые сочетания обнаруживают и исконную крепкую связь. Антропова с народным искусством.

И.П.Аргунов происходил из талантливой семьи крепостных графа П.Б.Шереметева. Близкие родственники Аргунова были архи-текторами, скульпторами, живописцами. Его творчество было созвучно идеям просветительства. Наиболее известные портреты Аргунова относятся к 1760—1780-м годам: калмычки Анны Николаевны (Государственный музей керамики и «Усадьба Кусково XVIII века»), четы Хрипуновых (Останкинский дворец-музей творчества крепостных), «Портрет неизвестного скульптора» (ГРМ) и «Портрет жены неизвестного скульптора» (ГРМ), «Портрет неизвестной крестьянки в русском костюме». Подобно Антропову, Аргунов владел искусством правдиво передать характер модели, но его образы мягче, поэтичнее. Лицо «Неизвестной крестьянки в русском костюме» (1784) привлекает особой, прирожденной красотой, свойственной русской женщине, ясной гармонией внутреннего мира, чистотой и целомудрием. Портрет был написан в зрелые годы творчества Аргунова, в эпоху классицизма.

Культура и искусство во второй половине XVIII века тесно связаны с развитием общественной мысли и просветительских идей в России. Вдохновленные учением Ж.Ж.Руссо, русские просветители отстаивали понимание ценности человека вне зависимости от сословия и сословных привилегий. Так, поэт А.П.Сумароков писал, обращаясь к вельможе:

41

ЛЕВИЦКИЙ Д.Г. (1735—1822). *Портрет графини Урсулы Мнишек.* 1782. Холст, масло. 72 x 57 (овал)

ШИБАНОВ М. (? — ум. после 1789). *Празднество свадебного договора*. 1777. Холст, масло. 199 x 244

Ты честью хвалишься,
котора не твоя.

Будь пращур мой Катон, но
то Катон — не я.

В отличие от Петровской эпохи,
утверждалась ценность человека
не только государственного, но и
частного, с признанием его права
на проявление естественных
чувств. Вместе с тем широкое развитие получили идеи граждан-

ственности и долга, а с ними нравственного воспитания личности.

В живописи второй половины
XVIII и первой половины XIX века ведущая роль принадлежит
Академии «трех знатнейших художеств» — архитектуры, скульптуры, живописи, основанной в 1757
году. Ее главной задачей было
воспитание молодых художников
и «насаждение искусств» по всей

АРГУНОВ И.П. (1729—1802). *Портрет неизвестной крестьянки в русском костюме.* 1784. Холст, масло. 67 × 53,6

43

стране. С самого своего основания Академия художеств придерживалась нового направления в искусстве — классицизма. Последователи этого направления в живописи стремились к совершенной форме, освобожденной от всего случайного, к строгому рисунку и логично построенной композиции. Рациональное, логическое начало предпочитается эмоциональному. Ведущим жанром в живописи стала историческая картина. «Историческими» называли полотна, написанные на сюжеты античной мифологии, библейских сказаний и собственно истории, в том числе и отечественной.

Основоположником русской исторической живописи справедливо считают А.П.Лосенко, первого русского профессора Академии. В картинах «Владимир и Рогнеда» (1770, ГРМ) и «Прощание Гектора с Андромахой» (1773) ему удалось найти наиболее совершенное и содержательное воплощение творческих принципов классицизма и живописи. Лосенко был блестящим рисовальщиком и педагогом. Он создал школу. Русская историческая живопись в лице Лосенко и его школы впервые утверждала интерес к отечественной истории, значительность содержания, серьезного знания натуры, а в трактовке образа человека — соединение героики и человечности.

Бытовой жанр в живописи того времени лишь зарождался. Изображение будничной жизни не отвечало возвышенным идеалам господствующего направления. Тем больший интерес представляют две жанровые композиции М.Шибанова — «Крестьянский обед» (1774) и «Празднество свадебного договора» (1777). Шибанов был настоящим самородком. Жизнь его до сих пор полна загадок, неизвестны даты рождения и смерти, имена его учителей. Некоторое время он состоял в должности «живописца его светлости князя Потемкина». Картины художника привлекают серьезными и содержательными образами крестьян, правдивыми подробностями их жизни. Герои Шибанова, одетые в праздничную русскую одежду, никак не похожи на идеальных героев классицизма, их чувства искренни и взволнованны, а поведение естественно. Теплый золотистый колорит, сочетающий красные, коричневые, розовые, голубые оттенки, заставляет вспомнить красочность и благородство цветовых решений в народном искусстве. Творчество Шибанова подкупает добрым и сочувственным отношением к крестьянам. Оно созвучно идеалам просветителей, влиявшим на русское искусство вплоть до конца XVIII века.

БОРОВИКОВСКИЙ В.Л. (1757—1825). *Портрет княжен А.Г. и В.Г. Гагариных.* 1802 Холст, масло. 75 x 69,2 Фрагмент

44

АЛЕКСЕЕВ Ф.Я. (1753—1824). *Вид на Воскресенские и Никольские ворота и Неглинный мост от Тверской улицы в Москве.* 1811
Холст, масло. 78 x 110,5

Мастерство портрета во второй половине XVIII века в работах Ф.С.Рокотова, Д.Г.Левицкого, В.Л.Боровиковского достигло высокого уровня. Русский портрет этого времени утверждает значимость независимой человеческой личности, ее право на сложную духовную жизнь.

Портретиста Ф.С.Рокотова можно назвать художником внутреннего мира человека и его тончайших душевных движений. Обладая редким даром колориста, он использовал цвет как средство придания каждому образу неповторимой эмоциональной настроенности. Рокотов стремился достичь полной ясности, определенности в характеристике модели, он наделяет ее чертами своего идеала-мечты о прекрасном человеке. Его образы — «Портрет А.П.Струйской» (1772), «Портрет кн. И.И.Барятинского в юности» (начало 1780-х) — отличаются особой одухотворенностью и поэтичностью.

Для портретов Д.Г.Левицкого характерны жизненная полнота, многогранность, душевная насыщенность. Сочная, многоцветная живопись Левицкого обнаруживает родственные черты с красочной и звучной поэзией Г.Р.Державина. Их объединяют оптимитзм в восприятии жизни, увлеченность многообразием и чувственной прелестью ее форм. Левицкого связывала дружба со многими культурнейшими людьми. Н.И.Новиков на-

КИПРЕНСКИЙ О.А. (1782—1836). *Портрет А.С.Пушкина.* 1827. Холст, масло. 63 × 54

зывал его в письмах «любезный друг», был он близок знаменитому державинскому кружку. Именно в те годы, когда Левицкий чаще всего соприкасался с державинским кружком, им были созданы лучшие портреты. В их числе блестящий по живописи «Портрет гр. Урсулы Мнишек» (1782). Художник умело передает игру фактур атласного шелка, пудреных волос, тончайших кружев и холеного лица. Колорит портрета дан в холодной гамме изысканно белых и голубых тонов и создает утонченный образ светской красавицы.

К тому же культурному кругу был близок и последний из крупнейших русских портретистов XVIII века — В.Л.Боровиковский. Излюбленным жанром художника стал интимный портрет, с присущими ему нежной гармонией цвета и музыкальной ритмичностью линий. Боровиковский работал в то время, когда в русской культуре складывалось новое направление — сентиментализм, где особенно высоко ценились мир чувств и жизнь сердца. Увлеченный мечтой об идеальной женской душе, Боровиковский сплетает черты идеала с индивидуальными чертами модели, создавая органичные и цельные образы, поэтические и тонкие. Среди наиболее известных его работ — «Портрет княжен А.Г. и В.Г.Гагариных» (1802). Творчество замечательного живописца, его поиски

КИПРЕНСКИЙ О.А. *Портрет Д.Н.Хвостовой.* 1814. Холст, масло. 71 x 57,8

49

предваряют открытия портретистов-романтиков XIX века.

Развитие пейзажного жанра в живописи связано с растущим к концу XVIII века в литературе стремлением к простоте и естественности, самоуглубленности. В Академии художеств с 1776 года был создан специальный «ланд-

ТРОПИНИН В.А. (1776—1857). *Гитарист*. 1823. Холст, масло. 82,5 х 64,3

шафтный» класс, руководителем которого стал Семен Щедрин. Картины С.Ф.Щедрина, М.М.Иванова — уже не декоративные фантастические пейзажи, но реально существующие виды парков Гатчины в Павловске, конкретных мест Крыма и Кавказа, столичных и провинциальных городов.

Ф.Я.Алексеев является основоположником городского пейзажа в живописи. Гармонично сочетая в своих работах строгую красоту городской архитектуры, своеобразие уличной жизни, он создает целостный и поэтичный образ Петербурга, живописной Москвы и ряда южных городов. В серии видов старой Москвы одна из лучших картин «Вид на Воскресенские и Никольские ворота и Неглинный мост от Тверской улицы», исполненные в 1811 году, всего лишь за год до пожара Москвы 1812 года. Серия видов Москвы Алексеева поиобрела большое общественное признание после Отечественной войны 1812 года, вызвавшей прилив патриотических настроений.

Русское искусство первой четверти XIX века отражает этот высокий национальный подъем. Для передовых представителей дворянства стало очевидным противоречие между действительной исторической ролью народа в освободительной войне и его полным бесправием и рабством. Вольнолюбивые идеи, темы, связанные с войной 1812 года, и образы ее героев широко отразились в творчестве крупнейших художников того времени: О.А.Кипренского, А.О.Орловского, В.А.Тропинина, А.Г.Венецианова. Их искусство было тесно связано с крестьянской тематикой. В эту эпоху возникло новое художественное направление — романтизм, который утверждал идеал свободной личности, сосредоточивая внимание

ЩЕДРИН С.Ф. (1791—1830). *Берег в Сорренто с видом на остров Капри.* 1826. Холст, масло. 45 x 60,7

на внутренней жизни человека, его чувствах и устремлениях.

Из русских художников О.А.Кипренский наиболее ярко и полно выразил стремления и идеалы романтизма. Созданные им образы наполнены высокой поэзией. Кипренский успешно работал и в технике масляной живописи, и в графике. К числу его высоких достижений принадлежит галерея карандашных портретов участников. Отечественной войны 1812 года. Особая одухотворенность присуща женским образам художника.

Привлекает своим неуловимым обаянием портрет Д.Н.Хвостовой,

ВЕНЕЦИАНОВ А.Г. (1780—1847). *На пашне. Весна.* Первая половина 1820-х. Холст, масло. 51,2 x 65,5

урожденной Арсеньевой, написанный в 1814 году. В ее взгляде, обращенном к зрителю, есть особая теплота и сердечность и в то же время оттенок затаенной грусти и усталости. Мастерски, тонко передано богатство внутренней жизни, и вместе с тем отмечены сдержанность чувств, умение владеть своими порывами. Портрет Хвостовой раскрывает самобытный характер русской женщины, вызывает ассоциации с замечательными образами жен декабристов.

В 1827 году по заказу А.А.Дельвига Кипренский написал портрет А.С.Пушкина. Сам поэт высоко оценил работу художника и ответил ему стихами, в которых были строчки:

Себя как в зеркале я вижу,
Но это зеркало мне льстит.
Оно гласит, что не унижу
Пристрастья важных аонид.
Так Риму, Дрездену, Парижу
Известен впредь мой будет вид.

»Кипренскому»

После смерти Дельвига в 1831 году Пушкин купил портрет у его вдовы и поместил в гостиной своего дома. Образ, созданный Кипренским, полон поэтической возвышенности. Портрет поэта является одним из лучших в изобразительной Пушкиниане.

Современником Кипренского был В.А.Тропинин. Крепостной графа И.И.Моркова, он, будучи одаренным человеком, короткое время учился в Академии художеств на правах «постороннего ученика», затем граф отозвал его, не дав окончить Академию. Лишь в 47 лет Тропинин получил вольную и поселился в Москве. Большой мастер бытового портрета, художник пользовался огромной популярностью у современников, особенно у москвичей. Ему позировали такие выдающиеся люди того времени, как Н.М.Карамзин, К.П.Брюллов; в 1827 году он написал портрет Пушкина. Тропинин создал своеобразный тип жанрового портрета, где персонаж представлен с теми или иными атрибутами своего ремесла: «Кружевница», «Золотошвейка», «Мальчик с жалейкой» и «Гитарист». Последняя работа пользовалась особенной популярностью, и художник повторял тему несколько раз в течение жизни, придавая изображенному музыканту различные портретные черты.

Крестьянская тема получила своего живописца в лице А.Г.Венецианова. Войдя в искусство как портретист, в начале 1820-х годов он обратился к картинам из сельской жизни. «Гумно» (ГРМ), «Очищение свеклы» (ГРМ), «Спящий пастушок» (ГРМ) впервые в русской живописи дают изображение родной природы и сельского труда во всей их простоте и безыскусственности. Художник поселился в усадьбе Сафонково Тверской губернии, организовал в ней живописную школу для учеников из крепостных. Здесь он создал свои лучшие работы: «На

БРЮЛЛОВ К.П. (1799—1852). *Автопортрет*. 1848. Картон, масло. 64,1 x 54

пашне. Весна», «На жатве. Лето», «Сенокос», а также целый ряд замечательных крестьянских образов: «Захарка», «Крестьянка с васильками», «Крестьянская девушка с теленком». Картины Венецианова исполнены поэзии. Все его творчество проникнуто любовью к своему народу. Венециановская

школа пустила глубокие корни в русском искусстве 1830—1840-х годов (художники К.А.Зеленцов, Г.Сорока и др.).

В пейзажной живописи лишь в 20-х годах XIX века шаг от классицизма к романтизму сделал Сильвестр Щедрин. Сын известного скульптора и профессора Академии художеств Федоса Щедрина и племянник живописца Семена Щедрина, Сильвестр, окончив Академию по классу пейзажа, в 1817 году уехал пенсионером в Италию и прожил там всю свою недолгую жизнь, где и умер. Италия была для Щедрина реальным воплощением его поэтической мечты о светлой жизни, той мечты, которой жили романтики. Красоту полюбившихся ему приморских городов: Неаполя, Сорренто и окрестностей, Амальфи, Вико, острова Капри, Кастелламаре — Щедрин находил не только в их своеобразии, но и в скромной повседневной жизни простых людей на «лоне природы вблизи моря». Его пейзажи проникнуты лирическим чувством, привлекают естественностью. Человек и природа слились в ощущении художника в единое целое. Работая на натуре, Щедрин вплотную подошел к решению задачи пленэра. Пейзажи его имели огромный успех. Все они исполнены при разном освещении и часто передают изменчивое состояние природы, например, в пейзаже «Берег в Сорренто с видом на остров Капри» (1826) далекий потемневший небосвод перерезает косая линия дождя. Щедрин был первым, кто отважился на подобную смелость. Искусство Щедрина, пронизанное поэтическим восприятием природы, открыло новые пути дальнейшему развитию русского пейзажа.

1830—1840-е годы — эпоха жестокой реакции, наступившей после подавления восстания декабристов 1825 года. А.И.Герцен охарактеризовал этот период как удивительное время «наружнего рабства и внутреннего освобождения». Передовая интеллигенция видела в искусстве могучую силу, способную обновить и возвысить нравственный дух человека. Отсюда возникла вера в высокое призвание художника. Не случайно эта эпоха выдвинула таких выдающихся живописцев, как К.П.Брюллов, А.А.Иванов, П.А.Федотов.

К.П.Брюллов отличался необыкновенной широтой творческого дарования. В равной мере его можно было назвать историческим живописцем, портретистом и даже художником бытового жанра. Он считал, что «живописец должен уметь все» Картина «Последний день Помпеи» (1833, ГРМ), написанная в Италии, принесла Брюллову европейскую известность. Россия встретила его как героя, прославившего Отечество; горячо приветствовали художника А.С.Пушкин, В.А.Жуковский, Н.В.Гоголь. Обращение к одному

из особенно драматичных моментов в истории человечества, умение показать не только физическую, но и душевную красоту человека в самый трагический момент его жизни связывают Брюллова с

БРЮЛЛОВ К.П. *У Богородицкого дуба*. 1835. Холст, масло. 61 x 74

55

романтиками. Во всех жанрах, к которым обращался Брюллов, он сумел сказать новое. Много живя в Италии, он увлекается своеобразием народной жизни и обычаев, легким юмором и поэтическим чувством итальянцев. Пишет ряд небовьших по размеру жанровых полотен — «Пифферари перед об-

ИВАНОВ А.А. (1806—1858). *Аполлон, Гиацинт и Кипарис, занимающиеся музыкой и пением.* 1831—1834. Холст, масло. 100 x 139,9

разом Мадонны», «Пилигримы в дверях латеранской базилики», «Вечерня», «Итальянское утро» и «Итальянский полдень» (ГРМ). Этот ряд расширяет недавно приобретенная Третьяковской галереей картина «У Богородицкого дуба» (1835). В основу сюжета положен обычай итальянских женщин

приносить цветы к чудотворному изображению Девы Марии.

Заслуженным признанием пользуется Брюллов как портретист. Даже в установившуюся с XVIII века форму парадного портрета он сумел внести свое слово, превратив его в портрет-картину. Однако самые высокие достижения

Брюллова лежат в области камерного портрета, где художник был свободен от принятых канонов. Его герои - люди талантливые, духовно богатые, их внутренняя многогранность не с первого взгляда открывается зрителю. В 1848 году после тяжелой болезни Брюллов пишет автопортрет, одно из лучших своих произведений. Портрет создан за полтора часа и носит характер этюда. Поэтому особенно хорошо видна манера его письма: широкие смелые мазки, в которых проявляются энергия и темперамент живописца. В автопортрете пленяют страстность творческой натуры художника и напряженность его духовной жизни.

Младший современник Брюллова, А.А.Иванов, был не только замечательным живописцем, но и глубочайшим мыслителем в искусстве. Вся его жизнь - подвиг во имя высоких нравственных идеалов. Известный русский критик В.В.Стасов говорил о нем: «На мои глаза Иванов - одна из величайших личностей, когда-либо появившихся на свет, и вместе - одна из самых крупных личностей русских». Получив по окончании Академии художеств Большую золотую медаль, дававшую право на заграничное пенсионерство, он отправился в Италию и прожил там почти всю жизнь.

Первые четыре года он работал над картиной «Аполлон, Гиацинт и Кипарис, занимающиеся музыкой и пением (1831-1834), в которой воплотил мечту об идеально прекрасном человеке, о гармонических отношениях между людьми и преобразующей силе искусства. Сюжет картины взят из античной легенды об Аполлоне, пасшем стада Адмета и дружившем с подпасками Кипарисом и Гиацинтом. На

ИВАНОВ А.А. *Оливы у кладбища в Альбано. Молодой месяц.* Холст, масло. 42,5 x 62,5

57

картине все трое погружены в дивный мир музыки, объединены чувством прекрасного. Золотистая тональность колорита, как бы излучающая мягкое сияние, совершенство пропорций, ритмичность линий, своеобразие трактовки формы создают ощущение звучащей музыки. Иванов не завершил

свое произведение — в это время он мучительно искал тему для монументального полотна, несущего философскую идею и имеющего большое общественное значение. Он обращается к теме «Явление Христа народу».

Работа над этим грандиозным замыслом стала делом всей жизни Иванова. В процессе создания картины художник написал более 600 этюдов и эскизов маслом, не считая подготовительных рисунков. Многие из них столь совершенны по живописи, что имеют самостоятельное художественное значение. Из подготовительных работ к картине «Явление Христа народу» (1837—1857) можно выделить группу пейзажей. Живопись Иванова поражает чистотой красок, верностью натуре и одухотворенностью. Изображая на небольшом по размерам этюде ветку, камни, почву, художник умеет через отдельную деталь дать почувствовать величие природы в целом: так, его знаменитая «Ветка» воспринимается как философское обобщение. Спокойная сила природы, ощущение ее дыхания переданы в «Неаполитанском заливе», сдержанная лиричность, мягкое раздумье пленяют в «Оливах на кладбище в Альбано. Молодой месяц», как воспоминание о далеком прошлом Древнего Рима выступает «Аппиева дорога при закате солнца».

Большую роль в жизни Иванова сыграли революционные события 1848 года в Италии, подорвавшие веру художника в путь нравственного преобразования общества. Наступает перелом в его мировоззрении. В 1857 году для разрешения своих сомнений он едет к Герцену в Лондон. После встречи с Герценом Иванов решил возвратиться на родину, где вскоре и умер от холеры. Творчество Иванова оказало сильное духовное воздействие на развитие русского искусства.

В живописи первой половины XIX века бытовой жанр занял особое место, став главным в творчестве П.А.Федотова. Художник поднял его до уровня большого искусства. Свою задачу он видел в обличении социальных пороков: им руководило страстное стремление содействовать своим искусством нравственному совершенствованию общества. Сын екатерининского солдата, Федотов служил офицером в лейб-гвардии Финляндском полку. В свободное время он занимался рисованием, а с конца 1834 года посещал вечерние классы Академии художеств. Баснописец И.А.Крылов, оценив талант и наблюдательность художника, посоветовал ему «отдаться своему настоящему призванию — изображению народного быта». К.П.Брюллов также одобрил его

59

ФЕДОТОВ П.А. (1815-1852). *Завтрак аристократа.* 1849 — 1850. Холст, масло. 51 x 42. Фрагмент

работы, но указал на недостаток мастерства. В конце 1843 года Федотов вышел в отставку и посвятил себя живописи, которая, однако, не давала ему достаточных средств к существованию. Задавленный нуждой, он умер в 1852 году в больнице для душевнобольных. За девять лет Федотов успел создать поразительно много, в том числе картины: «Свежий кавалер», «Разборчивая невеста», «Завтрак аристократа», два варианта «Сватовства майора» (ГТГ и ГРМ), три варианта «Вдовушки» (ГТГ , Ивановский областной художественный музей, Национальный музей в Варшаве), «Анкор, еще анкор!», «Игроки» (Киевский музей русского искусства), а также группу портретов и многочисленные рисунки и акварели. Федотова отличала высокая требовательность к своему труду, каждой созданной им

картине предшествовала долгая и тщательная работа на натуре. Обладая даром тонкого наблюдателя, он упорно искал воплощения типического, в его картинах всякая деталь имела свое смысловое значение. На восторженные отзывы современников о мастерстве художника Федотов обычно отвечал: «Да, будет просто, как поработаешь раз по сто».

Художественное наследие Федотова составило эпоху в истории русской живописи. В.В.Стасов писал о нем: «Федотов умер, произведя на свет едва лишь маленькую крупинку того богатства, каким одарена была натура. Эта крупинка была чистое золото и принесла потом великие плоды». Направление, созданное Федотовым и вскоре получившее название критического реализма, легло в основу расцвета демократической живописи второй половины XIX века.

60

61

ФЕДОТОВ П.А. *Разборчивая невеста*. 1847. На сюжет одноименной басни И.А.Крылова. Холст, масло. 37 х 45

САВРАСОВ А.К. (1830—1897)
Грачи прилетели. 1871
Холст, масло, 62 x 48,5

Живопись

второй

половины

XIX века

Автор-составитель
Л.И. Захаренкова

Государственная Третьяковская галерея обладает самым значительным и ярким собранием отечественной живописи второй половины XIX века. Основу и гордость этой коллекции составляют произведения, приобретенные Павлом Михайловичем Третьяковым. Задавшись целью «собрать русскую школу как она есть в последовательном своем ходе», основатель Галереи, начиная с 1856 года, когда им были куплены первые картины, и на протяжении более чем сорока лет следил за творчеством современных ему художников, приобретая их произведения непосредственно из мастерских или с выставок. Органическая связь Третьякова с демократической культурой, высокий художественный вкус определили характер его собирательской деятельности. Из широкого круга произведений он умел отобрать все лучшее, что формировало прогрессивную линию в художественном процессе. В то же время им оставлялось без внимания преобладавшее на выставках и имевшее порой большой успех у публики поверхностное, но удовлетворяющее мещанские вкусы салонно-академическое искусство.

Русское искусство второй половины XIX века отмечено большими достижениями в художественном освоении жизни человека и общества, родной природы, исторического прошлого Родины. Именно в это время складывается национальная школа реалистической живописи со своими особенностями, во многом обусловленными противоречиями общественного развития и напряженными духовными исканиями русской интеллигенции.

ПЕРОВ В.Г. *Портрет писателя А.Н.Островского.* 1871. Холст, масло. 103 x 80,7

65

Подъем общественного сознания в России в конце 1850-х — начале 1860-х годов привел к реформам и отмене крепостного права, что дало импульс для освобождения человеческого духа, раскрепощения личности. Законодателем в искусстве продолжала оставаться Академия художеств, требующая, как и прежде, подражания классицистическим образцам, не допускающая свободы

ПЕРОВ В.Г. (1834—1882). *Последний кабак у заставы.* 1868. Холст, масло, 51,1 x 65,8. Фрагмент

ФЛАВИЦКИЙ К.Д. (1830—1866). *Княжна Тараканова.* Холст, масло. 245 x 187,5

творчества. Стремление художников сбросить с себя путы отчужденных от современной жизни представлений о художественном творчестве привело к «бунту четырнадцати», когда часть выпускников порвала с Академией художеств, отказавшей им в свободном выборе сюжетов для картин на Большую золотую медаль. Это был первый открытый протест против догматизма в искусстве.

В 1870 году художники демократического направления образовали Товарищество передвижных художественных выставок, которое вобрало в себя все лучшие творческие силы того времени и на протяжении многих лет было средоточием передовых идей в искусстве. Уже первая выставка передвижников стала этапным событием. Такие картины, как «Грачи прилетели» А.К.Саврасова, «Петр I допрашивает царевича Алексея Петровича в Петергофе» Н.Н.Ге, «Охотники на привале» и портрет А.Н.Островского В.Г.Перова, пейзажи И.И.Шишкина, открывали новые перспективы для развития как бытового и пейзажного жанров, так и портрета и исторической картины. Они виделись в воплощении реальной жизни в ее живой пульсации, в желании отображать животрепещущие социальные и нравственно-этические вопросы современности, в умении передавать типическое в повседневном, обыденном. Искусство передвижников было освещено верой в человека, исполнено желанием сделать его совершеннее.

Реалистическая живопись второй половины XIX века на разных этапах своей эволюции имела свои особенности. Одним из важных качеств искусства 1860-х годов является стремление художников обнаружить несо-

вершенства жизни, ее контрасты. Ведущее место в это время занимает бытовой жанр, нередко заостренно-критический по своей направленности. Для 1870-х годов характерно тяготение к более сложным формам отражения реальности, переход от негативного пафоса к поиску положительных образов в окружающей

НЕВРЕВ Н.В. (1830—1904). *Торг. Сцена из крепостного быта. Из недавнего прошлого*
Холст, масло. 48,3 х 61,3

67

жизни. Наблюдается расцвет пейзажа и портрета, главным героем которого становится творческая личность, носитель духовного начала.

В 1880-е — начале 1890-х годов русское искусство поднимается на высоту больших исторических и философских обобщений. В искусстве находит отражение как судьба от-

ВАСИЛЬЕВ Ф.А. (1850—1873). *Мокрый луг.* 1872. Холст, масло. 70 x 114

дельного человека, так и судьба народа в целом. Особое значение приобретает историческая живопись.

При всей общности устремлений, единстве в идее преображения жизни через искусство, творчество каждого из художников этого времени глубоко индивидуально.

Во главе «обличительного» направления в 1860-е годы встал В.Г. Перов. Его творчество исполнено сострадания к простым людям, протеста против несправедливо устроенного общества, в котором господст-

вуют силы, попирающие лучшие начала человеческой жизни.

Картина Перова «Последний кабак у заставы» (1868) — один из шедевров русской живописи. Художник изображает окраину города зимним сумеречным вечером, остановившиеся сани у кабака с надписью «Расставанье», съежившуюся от холода девочку в санях, столбы городской заставы с российскими гербами, дорогу, уходящую в бесконечное пространство. Однако все это приобретает почти символическое звучание.

Темной приглушенной тональностью цвета художник передает чувство одиночества, неуютности людского существования в отчужденном холодном мире. Ощущение застылости времени, безысходного ожидания и неизбывной тоски пронизывает картину. В ней нашли свое выражение настрония художника, болезненно переживающего безвременье конца 60-х годов в России.

В 1870-е годы Перов много работает в портретном жанре. Общая устремленность русского искусства той поры к обретению идеала в действительности заставляет его обратиться к образам людей, которые воплощали собой общественную совесть. Портрет Ф.М.Достоевского (1872), исполненный художником по заказу Третьякова, — одно из высших достижений не только в творчестве Перова, но и во всем портретном искусстве второй половины XIX века. Художник сумел проникнуть в творческую личность писателя, передать образ глубокого мыслителя и одного из лучших людей своего времени. А.Г.Достоевская в своих воспоминаниях писала: «Прежде чем начать работу, Перов навещал нас каждый день в течение недели; заставал Федора Михайловича в самых различных настроениях, беседовал, вызывал на споры и сумел подметить самое характерное выражение в лице мужа, именно то, которое Федор Михайлович имел, когда был погружен в свои художественные мысли. Можно бы сказать, что Перов уловил на портрете «минуту творчества Достоевского». Несколько ссутулившаяся фигура писателя, ушедшая в плечи голова, сцепленные пальцы рук, напряженная самоуглубленность — все это рисует человека

трагического мироощущения, несущего бремя тяжелых дум.

Н.В.Неврев вслед за Перовым поднимает в своем творчестве острые проблемы существующей действительности, обнажая правду жизни и обращаясь к совести людей.

Картина «Торг. Сцена из крепостного быта. Из недавнего прошлого» повествует о времени, когда в России царило крепостное право и торговля людьми была обычным явлением. Художник изображает эпизод, где два помещика совершают сделку о продаже подневольной девушки. Обстановка дома, книги, картины заставляют судить о хозяине как об образованном человеке с, казалось бы, прогрессивными взглядами, о чем свидетельствует висящий на стене портрет О.Мирабо — деятеля французской буржуазной революции XVIII века. На этом фоне в присутствии крепостных и самого «предмета» продажи разворачивается циничная сцена, бесчеловечность которой еще более усиливается образом девушки, смотрящей на происходящее с обреченно-страдальческим укором.

К.Д.Флавицкий опирался в своем искусстве на классические традиции, на принципы, завещанные К.П.Брюлловым. Его творческое наследие очень невелико; он известен прежде всего как автор картины «Княжна Тараканова». В основу замысла произведения положен легендарный сюжет из русской истории, согласно которому княжна Тараканова, называвшая себя дочерью Елизаветы Петровны от тайного брака императрицы с А.Г.Разумовским и претендовавшая в царствование Екатерины II на русский престол, погибла в Петропавловской крепости во время на-

КРАМСКОЙ И.Н. (1837—1887). *Портрет П.М.Третьякова.* 1876. Холст, масло. 59 x 49

рической живописи. Обращаясь к легенде, художник выразил нелегкие раздумья о современном ему мире, в котором красота обрекается на мучение и гибель.

В русской реалистической живописи второй половины XIX века особое место занимает пейзаж, в котором в большей мере, чем в других жанрах, можно было реализовать позитивное отношение к миру, выразить красоту и поэзию естественных начал бытия. Художники начинают пристальнее вглядываться в жизнь родной природы в ее обыденных, приближенных к человеку проявлениях, стремятся передать ее внутреннее движение, смену ее состояний.

А.К.Саврасов был первым среди пейзажистов этого времени, привнесшим в искусство новое отношение к природе, особенно задушевное и проникновенное. В его произведениях явлены не столько «виды» природы, сколько переживание ее жизни.

Вершина творчества Саврасова - картина «Грачи прилетели» (1871). В ней художник сумел передать красоту ничем особенно не примечательного уголка России. Он изобразил среднерусский пейзаж с корявыми березками, забором, избами, церковью и открывающимися за ней широкими далями. Самое начало весны. Еще преобладают в природе тусклые сероватые краски, еще прикрывает землю побуревший снег, но птицы, вестники идущего тепла, своим гомоном, суетой провозглашают обновление природы. Поэзия пробуждающейся жизни особенно ярко выражена художником в березках. Их стволы и ветки, тянущиеся к небу,

воднения в 1777 году. Флавицкий изобразил молодую женщину, оказавшуюся перед лицом неизбежной гибели в мрачной, тягостной обстановке тюремной камеры, заливаемой водой.

В этой картине он подошел к пониманию новых возможностей исто-

ШИШКИН И.И. (1832—1898). *Сосновый бор.* 1872. Холст, масло, 117 x 165

вверху истончаются, почти растворяются в воздухе. Тонкий рисунок и нежная цветовая гамма серовато-голубых и мягких коричневых тонов создают ощущение зыбкости, быстротечности этого состояния природы. Художник передал чувства тревожной радости, трепетного ожидания. Здесь выразилось столь присущее Саврасову понимание животворящего влияния природы на человека, переживание его жизни как органичной части самой природы.

Ф.А.Васильев в своем пейзажном творчестве соединил реалистическое восприятие природы с приподнято-романтическим, поэтическим отношением к ней, насытил свои произведения особой красочностью, полнозвучностью цветовых решений.

Картину «Мокрый луг» (1872) тяжело больной Васильев написал в Крыму по воспоминаниям, с использованием набросков и этюдов, сделанных им еще в средней полосе России. Несмотря на отдаленность от родных мест, художник сумел наполнить свое произведение эмоциональным переживанием большой силы. Выбирая мотив только что пронесшейся грозы и летнего ливневого дождя, он пытался проникнуть в таинство внутренней жизни природы, отобразить происходящие в ней процессы. Васильев запечатлел пейзаж с широким, слегка заболоченным лугом, с невысоким холмом и виднеющимися вдали лесами. Дождь кончился, все замерло, успокаиваясь и впитывая в себя влагу. Только что бушевавшая стихия еще напоминает о себе уходящей иссиня-фиолетовой тучей и скользящей по земле тенью от нее, но на смену этому идет солнечный свет, победно завоевывая пространство неба, даруя свое тепло

ГЕ Н.Н. (1831—1894). *Портрет писателя Л.Н.Толстого.* 1884. Холст, масло. 95 x 71,2

влажным трепещущим травам и цветам. Чувство очищения, покоя, свежести воцаряется в природе. Сложность и тончайшая нюансировка светоцветового строя картины, легкая голубоватая дымка создают впечатление напоенного влагой и ароматами воздуха. Приближенность и детализация переднего плана дают возможность ощутить богатство покрова земли, а широта и обобщенность раскрывающегося пространст-

73

ва рождают образ родного русского пейзажа.

С именем И.И.Шишкина в нашем сознании связаны картины, изображающие могучие леса и бескрайние просторы родной земли. Бесконечная влюбленность Шишкина в натуру, неутомимость в ее наблюдении и изучении, бережное отношение ко всему, произрастающему из земли, позволили ему создать полотна, где русская природа предстает во всем многообразии, где каждое дерево, куст, травинка живут своей особенной жизнью.

Картина «Сосновый бор» (1872) позволяет как бы заглянуть в потаенную жизнь леса. Как всегда у Шишкина, здесь нет ни одной приблизительно переданной детали, все чрезвычайно кропотливо и точно перенесено с натуры. Словно настраивая зрителя на неторопливое созерцание, художник подробно описывает все, созданное природой. Мы почти осязаем мохнатую хвою мощных сосен, шероховатую поверхность стволов и сучьев, пушистые мхи, устилающие землю, прохладную воду лесного ручья. Благодаря этому создается ощущение грубоватой дремотности русского леса, свободы лесной стихии, подчиненной только природным законам бытия.

И.Н.Крамской занимает особое место в русском искусстве не только как художник-мыслитель, выдающийся критик, но и как человек, сыгравший большую роль в художественной жизни. Он явился инициатором «бунта четырнадцати» и одним из организаторов Товарищества передвижников, духовным лидером которого был на протяжении многих

лет. В его творчестве нашли воплощение философские раздумья о жизни, о взаимоотношениях личности и общества. Крамской был замечательным мастером портрета, в котором продемонстрировал необычайную проницательность в понимании человека, углубленное внимание к его духовной жизни.

Портрет П.М.Третьякова (1876) в творчестве Крамского не случаен. Художника и собирателя связывала многолетняя дружба и духовная близость. По заказу Третьякова Крамским были выполнены портреты многих выдающихся русских писателей. Крамской, в свою очередь, оказывал Третьякову большую помощь в его собирательской деятельности. В портрете основателя Галереи за строгим обликом серьезного рассудительного представителя купеческого сословия открывается богатство внутреннего мира личности. В одухотворенном лице с тонкими чертами, умном взгляде выражены большая нравственная сила и благородство.

Н.Н.Ге также был одним из учредителей Товарищества передвижных художественных выставок. Хотя его творчество в каком-то смысле стоит особняком от искусства других передвижников, оно по природе своей принадлежит демократическому искусству второй половины XIX века. Ге много сделал в области портрета, наметил новые пути в историческом жанре, но прежде всего он известен как автор полотен на евангельские сюжеты. Ге был далек от церковного прочтения евангельской истории. Обращение к сюжетам из жизни Христа давало художнику, глубоко

ГЕ Н.Н. *Голгофа*. 1893. Холст, масло. 222,4 x 191,8. Фрагмент

ВЕРЕЩАГИН В.В. (1842—1904). *Шипка-Шейново. Скобелев под Шипкой.* 1877—1878
Холст, масло. 147 x 299

размышляющему о нравственной, духовной стороне существования, возможность выразить средствами искусства свое отношение ко многим вопросам и событиям современности.

В 1884 году Ге создал портрет Л.Н.Толстого. В жизни художника Толстой занимал огромное место. Ге был горячим поклонником писателя, а также последователем его нравственно-философского учения. Толстой изображен сидящим за своим рабочим столом в доме в Хамовниках во время работы над рукописью «В чем моя вера». Ге сумел не только запечатлеть образ великого писателя в процессе творчества, но и выразить свою любовь, преклонение перед его талантом. Он изобразил Толстого как человека, отдающего все свои чувства и мысли людям, указующего путь к нравственной истине. Полная погруженность в работу, наивысшая сосредоточенность Толстого открывают возможность для зрителя прикоснуться к святая святых мира писателя — рождению его произведений. Лицо писателя, как и листы бумаги на столе, как бы распространяют вокруг себя свет. Добиваясь впечатления большой силы, заключенной в сидящей фигуре. Ге утверждает зна-

чительность творчества Толстого, мощь его гения.

Картина «Голгофа» (1893) возникла в процессе длительной работы художника над темой «Распятие». Ге жил замыслом «Распятия» почти десять лет, то оставляя его, то вновь возвращаясь и все более углубляя свое понимание трагической значительности этого события. В один из моментов поиска родилась композиция «Голгофы». Перед зрителем разворачивается страшная сцена на Голгофе, когда невидимый палач властной рукой призывает ис-

полнить приговор, вынесенный Христу. Главный центр картины — Христос, слева и справа от него — разбойники, которые должны быть распяты вместе с ним. Нарушая все религиозные каноны, Ге с предельной страстностью воплощает в образе Христа человеческие страдания, боль за людей, ужас перед торжествующими в мире насилием, жестокостью, попранием истины. Картина не закончена, цвет, освещение, пространство намечены в ней условно, но и в таком виде она поражает колоссальной силой напряжения, экспрессией живописного языка. Многоцветие красок, контрасты света и тени, динамическая эскизность письма призваны еще более усилить драматизм происходящего.

В.В.Верещагин не состоял в Товариществе передвижников, но по характеру своего творчества был близок к нему: пафос его искусства отражал тяготение художника к объективному воссозданию реальности, обнажению правды жизни. Основные темы его творчества — жизнь Востока и тема войны. Верещагина трудно назвать художником-баталистом, так как в его латальных картинах нет изображений штурмов, атак, прославления подвигов, воспевания побед. Передавая не внешнюю сторону, а изнанку войны, он раскрыл всю ее страшную правду, чтобы люди воочию ощутили ее жестокость и бесчеловечность.

В картине «Шипка — Шейново. Скобелев под Шипкой» (1877— 1878) запечатлен эпизод из русско-турецкой войны 1877—1878 годов, проходившей под знаменем освобождения славянских народов Балканского по-

ВАСНЕЦОВ В.М. (1848—1926). *После побоища Игоря Святославича с половцами.* 1880
На сюжет из «Слова о полку Игореве» Холст, масло. 205 x 390, Фрагмент.

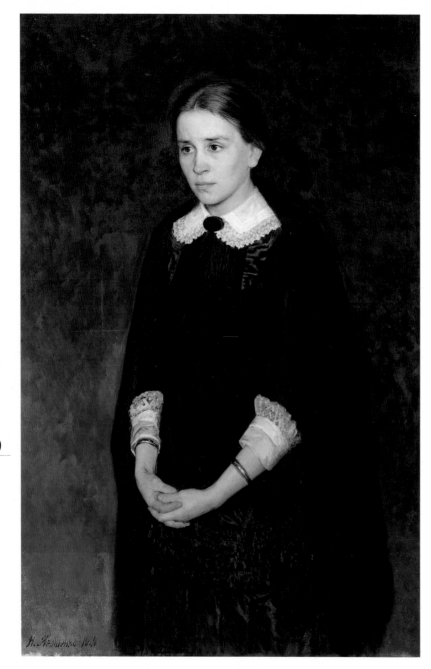

луострова от турецкого ига. Казалось бы, картина посвящена победе русских войск при Шипке — Шейново и изображает момент, когда генерал М.Д.Скобелев приветствует воинов-победителей. Но главное внимание художника сосредоточено на ином. Широким разворотом он дает поле сражения, со всей достоверностью изображая на переднем плане убитых солдат, застывших в тех положениях, в каких их застала смерть. Событие, таким образом, приобретает не торжественное, а трагическое звучание.

В жанровой живописи второй половины XIX века значительное место принадлежит В.Е.Маковскому, Г.Г.Мясоедову, К.А.Савицкому, В.М.Максимову, Н.А.Ярошенко. Их творчество сконцентровало в себе наиболее типичные элементы передвижнического бытового жанра, плодотворно развивавшегося в 1870—1880-е годы. Эти мастера близки друг другу в подходах к осмыслению современной действительности, в толковании и характеристике жизненных типов. Изображая отдельные, вроде бы частные сцены быта разных сословий города или деревни, художники-жанристы нередко затрагивают глубинные явления русской жизни.

В.Е.Маковский в своем творчестве обращался преимущественно к непритязательным бытовым сюжетам, которые обретали в его произведениях форму непосредственного живого рассказа. Перенося на полотна эпизоды из будничной жизни простых людей, он изображал их с участием и

ЯРОШЕНКО Н.А. (1846—1898)
Портрет актрисы П.А.Стрепетовой. 1884
Холст, масло. 120 x 78

любовью, а иногда с юмором и легкой иронией.

Картина Маковского «На бульваре» (1886—1887) принадлежит к лучшим созданиям художника. Перед нами молодая пара, сидящая на скамейке одного из бульваров большого города. Парень с гармоникой в руках — мастеровой, живущий в городе на заработках. Женщина с грудным ребенком — его жена, приехавшая из деревни навестить мужа. Но вместо теплой встречи двух близких людей зритель видит нерадостную сцену. Чувства молодой женщины наталкиваются на беспечное равнодушие мужа, привыкшего к городской жизни и ставшего почти чужим для своей семьи. Они сидят рядом, но бесконечно далеки друг от друга. Особенно выразителен образ подав-

САВИЦКИЙ К.А. (1844—1905). *Ремонтные работы на железной дороге.* 1874
Холст, масло. 100 х 175

МАКОВСКИЙ В.Е. (1846—1920). *На бульваре.* 1886—1887. Холст, масло. 53 х 68

ПОЛЕНОВ В.Д. (1844—1927). *Московский дворик.* 1878. Холст, масло. 64,5 х 80,1

ленной, жалкой в своей забитости женщины. Оттенок щемящей грусти вносит и пейзаж, выдержанный в холодноватой цветовой тональности. Для жанровой живописи 1870— 1880-х годов было характерно обращение к сложной композиции с развернутым сюжетом и большим числом действующих лиц. В.В.Стасов назвал подобные картины «хоровыми». Одним из их создателей явился К.А.Савицкий. Жизнь крестьянства была главной темой в его творчестве. «Хоровая» картина позволяла Савицкому создавать не индивидуально-характерные образы и трактовать на отдельные типичные факты и явления действительности, а представлять целые сословия, отображать широкие пласты жизни крестьянства в целом.

К такого рода произведениям относится картина «Ремонтные работы на железной дороге» (1874). Художник изобразил бывших, только недавно освобожденных от крепостной эксплуатации крестьян, которые оказались жертвами новых форм угнетения и продолжают нести бремя тяжелого изнурительного труда. Тема не приносящего радости, однообразного, отупляющего труда стала основной доминантой картины. Она выражена художником в суровых лицах, в многократно повторенных одинаковых движениях людей. Картины на сюжеты из крестьянской жизни занимали основное место и в творчестве В.М.Максимова. Будучи по происхождению крестьянином и зная деревенский быт изнутри во всех его проявлениях, он сумел отразить в своих произведениях и бедственное, тяжкое существование крестьянина, и в то же время поэзию патриархальной крестьянской жизни с ее традициями и устоями.

В картине «Все в прошлом» (1889) художник повествует о разрушении и запустении дворянских поместий в дореформенной России. У крыльца небольшого деревенского дома изображены предающаяся идиллическим

МАКСИМОВ В.М. (1844—1911). *Все в прошлом*. 1889. Холст, масло. 72 x 93,5

воспоминаниям старая барыня и склонившаяся над вязанием старушка-прислужница. Былое процветание «дворянских гнезд» ушло в прошлое, и особый уклад, своеобразие деревенского дворянского быта остались только в воспоминаниях.

Многие явления сложной общественной жизни России конца 1870— 1880-х годов: тяжелейшая жизнь ра-

СУРИКОВ В.И. (1848—1916). *Утро стрелецкой казни.* 1881. Холст, масло. 218 x 379

бочих, движение народников, студенческие волнения, унизительное, бесправное положение женщины — нашли отклик в творчестве яркого представителя передвижничества Н.А.Ярошенко. Его жизнь как художника началась довольно поздно. Долгое время он состоял на действительной военной службе, но любовь к искусству решила его судьбу. В портрете актрисы П.А.Стрепетовой (1884), воплотившей на рус-

ской сцене многие трагические образы в пьесах А.Н.Островского, Ярошенко показал не столько актрису, сколько страдающего человека своего времени. Это женщина с тонкой, ранимой душой, мучительно переживающая пороки жизни, как бы несущая на своих плечах боль и страдание русских женщин. Внутренний мир Стрепетовой раскрывается в простоте ее облика, в ее светлом грустном взгляде, полном

образов его искусства необычайно велик и разнообразен. Им были созданы произведения в историческом, бытовом и портретном жанрах, не раз Репин обращался к пейзажу.

Широкий спектр охвата всех сторон жизни России, присущий репинскому творчеству, острота социальных и психологических характеристик наиболее зримо проявились в картине «Крестный ход в Курской губернии» (1880—1883). На полотне представлена торжественная процессия, движущаяся по широкой пыльной дороге. Перед нами почти вся деревенская Россия, все ее сословия. Многообразие лиц, характеров, поз, движений, жестов, пестрота и многоцветие залитого солнцем зрелища не приглушают выразительности отдельных персонажей или групп, заключающих в себе главные смысловые акценты. В центре шествия — привилегированные слои: помещики, купцы, духовенство, военные. Эту группу характеризует образ упивающейся собственной значительностью толстой барыни-помещицы, несущей чудотворную икону. Ее уверенно-высокомерный вид красноречиво передает самоощущение хозяев жизни, сытое благополучие которых бдительно, с помощью палок и нагаек охраняется урядниками и сотскими. Впереди процессии с важностью идут степенные крепкие мужики, за ними две мещанки с величайшей осторожностью и раболепием несут пустой футляр от иконы, здесь же занятые своими заботами чиновники, хор певчих. Ни одно из лиц не выражает истинной веры, молитвенной устремленности к Богу. Среди толпы выделяется светлыми праздничными одеждами духовное лицо — протодьякон, но и он слишком увлечен

85

невысказанного упрека и одновременно доверия к людям.

Творчество И.Е.Репина знаменовало собой расцвет русского искусства в 70—80-е годы XIX века. Идея постижения искусством действительности, пристрастного ее анализа, обобщения и полнокровного отображения осуществилась в его творчестве с такой жизнеутверждающей силой, которая подвластна только дарованиям большого масштаба. Круг тем и

собственной персоной, ему не до высоких помыслов. Чистая и искренняя надежда есть только в бедняках, странниках, богомольцах, изображенных художником в левой части шествия. Самый яркий образ - горбун, страстно, до фанатизма верующий, всем своим существом стремящийся вперед, жаждущий избавления ото всех тягот и страданий.

Историческая живопись по мере развития критического реализма претерпела значительные изменения. Ее подлинными реформаторами стали крупнейшие художники: Н.Н.Ге, И.Е.Репин и, в особенности, В.И.Суриков. В своих полотнах они стремились воскресить дух исторических событий, запечатлеть в художественных образах реальные противоречия прошлых эпох, воссоздать персонажи истории в жизненной конкретности их характеров, судеб, страстей, столкновений.

Творчество В.И.Сурикова отмечает высшие достижения русской исторической живописи второй половины XIX века. Обращаясь к самым напряженным этапам истории России, художник осознал историю как драму, обнаружил глубокое понимание народного духа. Вместе с тем он был наделен богатейшим живописно-пластическим дарованием, благодаря которому его произведения приобретали мощную эмоциональную силу.

В картине «Утро стрелецкой казни» (1881) Суриков обратился к эпохе Петра I, к событию, связанному с восстанием стрельцов против петровских преобразований. Художник изобразил момент перед казнью стрельцов, трактуя эту сцену как противостояние двух сил: одной -

словно вобравшей в себя всю стихию народной жизни, беспорядочной толпы стрельцов, их жен, детей, собравшегося на площади народа, и другой - самого Петра, посольского корпуса и шеренги регулярного войска преображенцев. Главная тема картины раскрывается на столкновении непримиримо-враждебных взглядов рыжебородого стрельца и Петра I. У каждого из них своя правда: за стрельцом - старая Русь, весь народ, мятущийся, страдающий, за Петром - новая нарождающаяся Россия и жестокая власть государства. «Утро стрелецкой казни» стала первой картиной, в которой обнаружилась вся сила исторического провидения Сурикова. Художник осознал, что в переломные моменты истории, как никогда, обостряются отношения между властью и народом, и в этом противостоянии вся тяжесть исторических коллизий ложится на плечи народа. Художественное решение картины поистине полифонично, Суриков использует весь возможный арсенал изобразительных средств. Он добивается выразительности замысла не только при помощи ярких образных характеристик, но и прибегает к сложнейшей драматургии линий и форм, объединяя в единое целое многоголосие композиционного, ритмического и цветового строя картины.

В.М.Васнецов принадлежал к тому поколению передвижников, творчество которых знаменовало собой начало перехода от критического реализма к поиску нового содержания и иных формальных приемов. Васнецов нашел свой собственный путь в искусстве, связанный с обретением но-

Слева: КУИНДЖИ А.И. (1842?—1910). Березовая роща. 1879. Холст, масло. 97 х 181. Фрагмент.

87

РЕПИН И.Е. (1844-1930). *Крестный ход в Курской губернии.* 1880-1883. Холст, масло. 175 х 280. Фрагмент.

вых живописных образов. Он первым в русской живописи открыл поэзию народной сказки, воплотил в своих произведениях сложившиеся столетиями представления народа о красоте, силе, добре и зле, радости и печали. В этом смысле его творчество было глубоко национально.

Картина «После пообоища Игоря Святославича с половцами» (1880) создана на сюжет из «Слова о полку Игореве». Она изображает поле боя после сражения русских с половцами. Бескрайняя степь усеяна павшими воинами, хищные птицы кружат над полем, восходит кровавая луна. Жестокое поражение понесло войско Игоря Слятославича. Но художник приглушает трагизм события, насыщая полотно былинно-эпическим духом. Для этого он использует приемы, характерные для фольклорного творчества. Центр композиции — павшие витязи, которых художник намеренно идеализирует, воспевая силу и храбрость русских мужей, погибших за родную землю. Отказываясь от конкретно-реального в пользу фольклорно-поэтического, Васнецов сумел перенести на полотно заключенную в «Слове» веру в величие народа, его могучие силы.

А.И.Куинджи соединил в своем пейзажном творчестве приверженность романтической традиции с реализмом и эпической широтой в изображении природы. Его увлекали мотивы, в изображении которых можно было достичь исключительных светоцветовых эффектов. Добиваясь небывалой ранее в русской живописи иллюзии в передаче лунного сияния или яркого солнечного света, он порой придавал реальным образам таинственное, загадочное

звучание, фантастическую окраску, рождающую поэтические чувства.

В картине «Березовая роща» (1879) Куинджи сумел передать эффект торжествующего ослепительно-яркого солнечного света. Это удалось ему благодаря предельному высветлению открытого пространства, на которое падает солнце, и контрастному затемнению участков, остающихся в тени. Художник ищет новый живописный язык. Некоторая условность композиционного построения, светоцветовой синтез, приближают картину к театральной декорации. Подробное воспроизведение натуры сменяется здесь обобщенным изображением предметов, тщательная разработка тональных переходов уступает место силуэту и большим цветовым плоскостям. Приемы, найденные Куинджи, предвосхитили декоративные искания русских живописцев в более поздний период.

В творчестве В.Д.Поленова, особенно в его лучших произведениях пейзажно-бытового жанра, отразились поиски красоты и гармонии в жизни и природе.

Картина «Московский дворик» (1878) — одна из вершин его творчества. Показав будничную, своим чередом текущую жизнь типичного московского дворика, художник сумел наполнить картину светлым и радостным чувством, ощущением счастья повседневного бытия. Просто и с большой любовью Поленов рассказал об обитателях этого уголка Москвы, о привычном ритме их жизни, словно растворенной в безмятежной тишине залитого солнцем дворика. Стремясь передать непосредственность своих впечатлений от соприкосновения с натурой, Поленов впервые в русском искусстве столь свободно и открыто применил приемы пленэрной живописи, насытив пейзаж светом и воздухом. Добиваясь благозвучия цветового строя картины, окутывая предметы воздушным маревом, смягчая яркость красок, художник создал в живописном образе стройный поэтический мир, исполненный красоты и умиротворенности. Богатая и тонко разработанная гамма зеленого цвета в сочетании с белым, серебристым и голубым придают картине праздничное звучание.

С именем И.И.Левитана связаны достижения отечественной пейзажной живописи 1880—1890-х годов. Воспитанник Саврасова и Поленова, он унаследовал многие лучшие качества их искусства. Утонченность чувста, умение запечатлеть художественными средствами вечно меняющиеся состояния человеческой души, сообразной с жизнью природы, позволили называть Левитана художником пейзажа настроения. По своему мироощущению он тяготел уже к новому поколению русских живописцев, но верность реализму в отображении картин природы обнаруживает его глубокие связи с передвижническим искусством.

В большом полотне «Над вечным покоем» (1894) выразились раздумья Левитана о жизни и смерти, о судьбе человека, об одиночестве человеческой души в необъятной вселенной. В безграничную ширь озера, над которым господствует безмерное небо, вдается клином небольшой кусок земли со старой маленькой церквушкой и кладбищем. В окне церкви едва теплится огонек — единственное напоминание о человеке. В грандиозном пространстве властвуют стихии неба и воды. Тяжелые грозовые тучи, неумолимо наступающие, готовые поглотить светлые участки неба, в соединении с жалким, затерянным клочком земли с забытыми могилами образуют трагический аккорд, которым полнится вся картина.

Характерное качество искусства второй половины XIX века — ощущение дисгармонии между человеком и обществом, несоответствие окружающей жизни идеальным представлениям о ней побуждало одних художников «поставить перед лицом людей зеркало, от которого бы сердце их забило тревогу» (слова Крамского), других — утверждать прекрасные начала в природе и человеке. Благодаря высоким гуманистическим стремлениям это искусство живо и значимо и по сей день.

ЛЕВИТАН И.И. (1860-1900). *Над вечным покоем.* 1894. Холст, масло. 150 x 206. Фрагмент

ЛЕНТУЛОВ А.В. (1882—1943)
Василий Блаженный. 1913
Холст, масло, бумажные наклейки
170,5 х 163,5

Живопись

конца XIX –

начала

XX века

Автор-составитель
М.Л. Зингер

НЕСТЕРОВ М.В. (1862—1942). *Видение отроку Варфоломею.* 1889—1890. Холст, масло. 160 x 211

В государственной Третьяковской галерее находится одно из крупнейших собраний русской живописи конца XIX — начала XX века. Органически продолжая коллекции древнерусского искусства, русской живописи XVIII и XIX веков, оно представляет собой особую страницу в наследии отечественной культуы, открывающую в ее развитии качественно новый этап.

Период 1890—1910-х годов нередко называют «ренессансным» в истории русского искусства. Это время глобального переосмысления критериев художественного творчества: бурной переоценки привычных общепринятых представлений — и создания мощных жизнестроительных концепций; смелых новаторскик дерзаний — и обращения к древнему опыту архаики; широкого освоения мирового культурного наследия — и познания собственных, национальных традиций; открытого обращения к массам — и погружения в неизведанные глубины творческого Я. Стремительно рушатся границы устоявшихся жанров, даже видов художественного творчества, уступая место идеям всеобъемлющего, универсального синтеза, глубоким стилистическим поискам, вниманию к тайнам профессионального мастерства. Это время широкого постижения цельности народного творчества, возрождения патриархальных устоев и дерзких, подчас титанических прорывов в неясное, утопическое Будущее, время, когда интенсивно формируется и громко заявляет о себе такое яркое самобытнейшее явление XX века, как русский авангард.

ВРУБЕЛЬ М.А. (1856—1910). *Демон (сидящий)*. 1890. Холст, масло. 114 x 211

Коллекции Государственной Третьяковской галереи принадлежит в осмыслении этого сложного и неоднозначного этапа особая историческая роль. В самом деле, имена М.А.Врубеля и В.А.Серова, С.П.Дягилева и А.Н.Бенуа, Н.К.Рериха и К.С.Петрова-Водкина, В.В.Кандинского и К.С.Малевича, М.Ф.Ларионова и Н.С.Гончаровой, В.Е.Татлина и М.З.Шагала сегодня прочно вплетены в мировое классическое наследие, неотъемлемое и от истории Третьяковской галереи. Вобрав в себя лучшие традиции мирового и отечественного ивкусства, творчество этих мастеров и многих их знаменитых современников и по сей день являет зрителю живое свидетельство напряженнейших художественно-мировоззренческих исканий конца XIX — начала XX века, отмеченных в России особой, порой беспрецедентной по своей многомерности, спрессованностью и остротой.

Сегодня все отчетливее и отчетливее выступает глубинная связь между логикой самого художественного процесса на рубеже XX века и бурным развитием отечественного музейного дела, формированием частных и государственных музейных коллекций, прежде всего — коллекции Третьяковской галереи. Уже сам факт торжественной передачи галереи в 1892 году ее основателем Павлом Михайловичем Третьяковым в дар городу Москве, ставший для современников по-своему эпохальным, решительно обозначил и недвусмысленно «застолбил» выход на широкую арену общественной и художественной жизни российского меценатства — преимущественно московского купечества. Особую интенсивность этот процесс обретает именно на рубеже нашего столетия, когда, во многом благодаря деятельности таких ярких и «универсальных» фигур, как С.Т.Мамонтов, Морозовы, Щукины, в 1900—1910-е годы создается широкая база для освоения самых разных художественных традиций. Особое место в этом процессе отведено собранию Третьяковской галереи.

Расположенная в самом «сердце» Москвы, Городская галерея П. и С.Третьяковых становится на рубеже века своеобразным духовным центром не только художественного, но и научного и шире — общественного освоения национально-исторического наследия, увиденного сквозь призму новых эстетических поисков. Разными гранями соприкасается в это время ее деятельность с крупнейшими очагами отечественной культуры — Абрамцевым, Талашкиным, Сергиевым Посадом, без которых невозможно понять творческие искания М.В.Нестерова, В.М.Васнецова, К.А.Коровина и В.А.Серова, М.А.Врубеля и Н.К.Рериха, С.В.Малютина и С.Т.Коненкова, В.Д.Поленова, археолога А.В.Прахова, Ф.И.Шаляпина, К.С.Станиславского, Н.А.Римского-Корсакова, И.Ф.Стравинского... Именно в это время скла-

дывается и окончательно оформляется знаменитая коллекция икон И.С.Остроухова — художника и коллекционера, составившая позднее, после смерти ее владельца, ядро сегодняшнего собрания древнерусского искусства Государственной Третьяковской галереи.

Основанный вскоре после смерти П.М.Третьякова (в 1898 году) Совет

СЕРОВ В.А. (1865—1911). *Похищение Европы.* 1910. Холст, масло. 71 x 98

Третьяковской галереи — во главе с И.С.Остроуховым, А.П.Боткиной, В.А.Серовым — становится мощным «инструментом» музейного освоения живописи конца XIX — начала XX века. Став видным фактором русской художественной жизни тех лет, нередко оказываясь в центре серьезных художественных полемик, деятельность Совета во многом закла-

99

дывает на рубеже 1900-х годов фундамент сегодняшнего осмысления отечественного искусства XX столетия, порой оказывает воздействие и на сам художественный процесс. Свое логическое завершение эта деятельность и получила в знаменитой новой научной экспозиции Галереи, созданной позднее, в 1913 году, по инициативе художника И.Э.Грабаря, попечителя, позднее директора Галереи, которая дала начало широкому зрительскому постижению русского искусства рубежа XX века как части единого культурно-исторического наследия.

Собрание живописи конца XIX — начала XX века в стенах Треьяковской галереи находится в постоянном развитии. Широкое пополнение коллекции — во многом благодаря активной закупочной политике, личным дарам (как частных владельцев, так и потомков художников) — позволяет вот уже на протяжении многих десятилетий комплектовать наследие живописи конца XIX — начала XX века как единое, неразрывное целое. Так, в 1910 году в собрание Галереи поступила значительная часть дара Маргариты Кирилловны Морозовой — вдовы М.А.Морозова, хозяйки известного художественного, философско-литературного салона. Большое количество работ было приобретено из широко известных коллекций В.О.Гиршмана, С.А.Бахрушина, В.А.Харитоненко, И.Е.Цветкова, М.П.Рябушинского и В.В.Фон-Мекка. Важным источником пополнения коллекции Галереи рубежа веков в 1920—1930-е годы стали многочис-

АРХИПОВ А.Е. (1862—1930). *Прачки.* Конец 1890-х. Холст, масло. 91 x 70

101

ленные, ныне не существующие, государственные музеи (такие как Музей живописной культуры, Музей нового западного искусства, Музей иконописи и живописи им. И.С.Остроухова, Гос. Цветковская галерея и др.), созданные, в основном, на базе знаменитых личных коллекций Остроухова, Морозовых, Щукиных.

КОРОВИН К.А. (1861—1939). *Париж ночью. Итальянский бульвар.* 1908. Холст, масло. 64,5 x 53.7 Фрагмент.

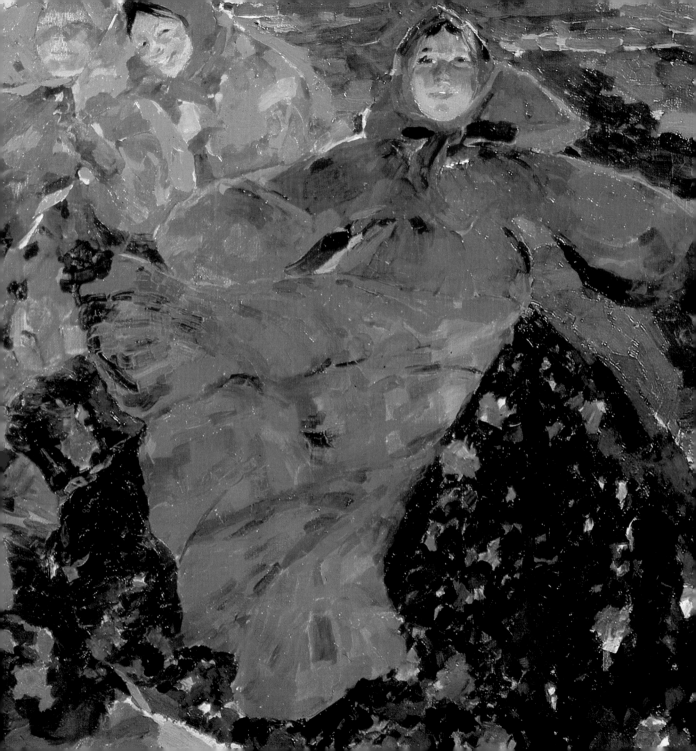

РЕРИХ Н.К. (1874—1947). *Заморские гости*. 1901. Холст, масло. 85 x 112,5

Новая экспозиция русской живописи в Государственной Третьяковской галерее дает зрителю широкое представление обо всем богатстве и многообразии искусства конца XIX — начала XX века.

Одной из первых картин этого периода, приобретенных Третьяковской галереей, стало полотно «Видение отроку Варфоломею» (1889—1890) М.В.Нестерова. Запечатленный на нем пейзаж Абрамцева — окрестности реки Вори, недалеко от Троице-Сергиевой лавры, — с его ширями, с его «домашней» уютностью стал для современников симво-

МАЛЯВИН Ф.А. (1869—1940). Вихрь. 1906. Холст, масло. 223 x 410 Фрагмент

лом новой, пробуждающейся от долгого духовного сна России. Недаром в пейзажах Нестерова ощущали — так или иначе — внутреннее «созвучие» своему творчеству А.А.Блок, Андрей Белый, философ Павел Флоренский... Уже в 1890 году на выставке Товарищества передвижных художественных выставок полотно Нестерова произвело глубокое, хотя и неоднозначное, впе-

столь убедительное в картире соединение непосредственной свежести трепетного абрамцевского пейзажа, почти портретной достоверности персонажей с собирательной обобщенностью, значительностью образного решения картины, со строгой, почти иконописной, суховатой ее манерой. В картине сказалось не только увлечение Нестерова творчеством английских художников-пре-

РЯБУШКИН А.П. (1861—1904). *Свадебный поезд в Москве* (XVII столетие). 1901. Холст, масло. 90 x 206,5

чатление на современников и сразу же было куплено П.М.Третьяковым.

Сюжет картины, взятый художником из «Жития» Епифания Премудрого, — явление смиренному юному пастуху (будущему святому Сергию Радонежскому) монаха-инока с предречением ему грядущей великой битвы на Куликовом поле. До сих пор кажется загадкой странное, но

рафаэлитов, но и более широкие поиски гармонии человека с миром — в русле исканий Абрамцевского кружка.

Другой шедевр, без которого трудно представить себе собрание сегодняшней Третьяковской галереи, — написанный в том же 1890 году «Демон (сидящий)» М.А.Врубеля.

БОРИСОВ-МУСАСОВ В.Э. (1870—1905). Водоем. 1902
Холст, темпера. 177 x 216

Образ Демона — центральный в творчестве Врубеля. Мятежное мифическое существо, низвергнутое с небес за жажду познания и бунтарство — трагический образ не просто одиночества и тоски, но одновременно и титанического порыва к борьбе с темными силами судьбы, к свободе. Мощный торс с напряженно сомкнутыми руками словно «сдавлен» узким вытянутым прямоугольником холста, его осязаемая объемность «выложена» плоскими мозаичными мазками, стихийная сила скована кристаллами фантастических цветов. Могучий лик таит царственное величие и вместе с тем детскую беззащитность. Взгляд Демона, обращенный к тайным стихиям природы, устремлен вдаль — туда,

БЕНУА А.Н. (1870—1960). *Итальянская комедия. Любовная записка.* 1905
Бумага на картоне, гуашь, акварель, белила. 49,6 x 67,4

СОМОВ К.А. (1869—1939). *Дама в голубом. Портрет художницы Е.М.Мартыновой.* 1897—1900. Холст. масло. 103 x 103. Фрагмент

САРЬЯН М.С. (1880—1972). Улица. Полдень. Константинополь. 1910. Картон, темпера. 66 x 39

где багрово-золотая лава заката разрывает лилово-голубой сумрак.

Творчество В.А.Серова — особая страница в истории русской художественной культуры. Связанное с исканиями предшествующего столетия, оно представляет важнейшие этапы развития русского искусства конца XIX — начала XX века, став «мостом» между традицией передвижников и новыми поисками искусства. Уже ранняя знаменитая картина Серова «Девочка с персиками», написанная им в Абрамцеве еще в 1887 году, стала символом не просто «иного» по тому времени, импрессионистического, метода, но нового, «современного», мироощущения, открытием новых пластических законов, воплощением поэзии повседневного бытия.

Созданное уже в конце жизни художника, в 1910—1911 годах, «Похищение Европы» — одно из последних ярких проявлений монументальных поисков эпохи «модерн». Тема взаимодействия Востока и Запада, Азии и Европы, столь важная и для будущего развития русского изобразительного искусства, неожиданно воплощается в хрупком, неустойчивом равновесии фигурки юной финикийской царевны Европы, едва удерживающейся, как поплавок, на спине у могучего быка, в которого превратился похитивший ее бог Зевс. Завораживающая центричность композиции, единый волновой ритм «вздыбленных» водных толщ, мерные повторы кривых — стан царевны, спины ныряющих дельфинов — создают образ, исполненный интеллектуальной европейской утонченности и изысканного азиатского аромата.

Творчество К.А.Коровина также связано с жизнью Абрамцевского кружка. Однако, в отличие от искусства Серова, его главным критерием остается верность методу импрессионизма, преломленному художником в яркой, экспрессивной манере. В картине «Париж. Бульвар капуцинок» (1906) — огромный город, увиденный чуть-чуть сверху, как бы выхваченным фрагментом, в смелом ракурсе, «гудящий» современными ритмами, с контрастами освещений, сливается в единый «поток», завораживающий своей скрытой и явной жизнью.

С именем Коровина — одного из известнейших членов «Союза русских художников» — связаны самые первые шаги русского живописного импрессионизма. Задача освоения пространственной световоздушной среды — пленэра — получает новое творческое развитие в различных направлениях русской художественной мысли тех лет. Накладываясь на самобытные традиции русского передвижничества, пленэризм рождает неожиданный сплав в творчестве А.Е.Архипова. Его созданные на самом рубеже века и тут же купленные Советом Галереи в 1901 году знаменитые «Прачки» — с играющими в скупых лучах солнца клубами густого пара — невольно вызывают в памяти не столько жанровые сценки художников-передвижников, сколько «воздушные» интерьеры, а то и фольклорные композиции финских современников мастера — Ээро Ярнефельта или даже Аксели Галлена-Каллела (равно, впрочем, как и шведского художника А.Цорна), чьи связи с русским художественным процессом обретают в это

КУЗНЕЦОВ П.В. (1878—1968). *Спящая в кошаре*. 1911. Холст, масло. 66 x 71

время особую программную значимость. Живописная поэтизация тяжелого повседневного труда несет в себе едва заметные отголоски новых, фольклорно-этнографических поисков, которым суждено будет сыграть в русской художественной культуре конца XIX — начала XX века важную роль.

...Взрыв пляски, захлестнувшей огромное (более двух на четыре метра) поле холста — пламенеющее море кумачовой материи, из которой, словно из огненного смерча,

109

ПЕТРОВ-ВОДКИН К.С. (1878—1939). *Купание красного коня.* 1912. Холст, масло. 160 x 186. Фрагмент

вырисовываются смуглые лица женщин... Сегодня уже невозможно представить себе Государственную Третьяковскую галерею без знаменитого малявинского полотна «Вихрь» (1906) — этого воплощения стихийных почвенных судьбоносных народных сил. Известно, с какой тщательностью продумывал Ф.А.Малявин — в прошлом иконописец из знаменитых монастырей Афона, выходец из крестьян, — новые по тому времени пастозную фактуру, открытую цветовую гамму картины, восходящие к приемам народного искусства: в них — стремление воплотить в цельном, по—своему декоративно—монументальном полотне, «слить» в экстатическом порыве будничное и праздничное, движение и завороженность, гротеск и проникновение в эпические, отчасти мифологические глубины фольклора. Недаром картина была воспринята современниками как работа историческая, этапная. В том же 1906 году она была куплена Галереей, а Малявину, члену «Союза русских художников», было присвоено за нее звание академика.

Картины другого участника выставок «Союза», А.П.Рябушкина, также потомка простых крестьян, большую часть жизни проведшего в скромной деревне Кородыне, не понять без праздничных народных обрядов, без повседневного крестьянского быта. Сюжет картины «Свадебный поезд в Москве (XVII столетие)», 1901 года, — то ли свадебная процессия, то ли поезд иностранных гостей - и сегодня вызывает множество нерешенных вопросов. Однако в том-

то и дело, что, сохраняя верность реалиям далекой допетровской эпохи, художник заостряет наше внимание не столько на сюжете, сколько на сложной игре пространственных, воздушных, световых планов, в которых облики персонажей - чуть-чуть условные, чуть-чуть сказочные, застывшие как на древнерусских иконах — сливаются в один лирический, песенно-просветленный «хор»...

Творчество Рябушкина с его стремлением воссоздать в мельчайших проявлениях быта — от одежды до манеры нарумянивать лица - сам «дух», по его словам, исторической эпохи было созвучно не только деятельности историков (например, И.Забелина — автора знаменитых экспозиций допетровского времени в здании нового Российского Исторического музея в Москве), но и прежде всего художников. Уже на рубеже века, в 1900—1905 годах, намечается отчетливое смещение центра новых историко-культурных и собственно живописных исканий в древнюю столицу — Москву, где и образуется в 1903 году «Союз русских художников».

С именем Рябушкина, также как и с именем Н.К.Рериха, связана деятельность не только «Союза», но и другого объединения — «Мир искусства», возникшего еще на рубеже 1890—1900 годов в Петербурге. Главной программной установкой объединения, наряду с поисками нового синтетического творчества, стало широкое освоение традиций русского и западноевропейского искусства, комплексное — художественное и

111

ФАЛЬК Р.Р. (1886—1958). *Солнце. Крым. «Козы».* 1916. Холст, масло. 83 х 105

картины невольно отсылает к византийским эмалям или сказочным скандинавским скульптурам. Деревянный корабль варягов напоминает «братину» — древний, объединяющий в застольях друзей и лютых врагов ковш...

...Резкое противопоставление переднего и дальнего планов, эффектный строй продуманных ритмических «резонансов» — эти черты свойственны и другому, казалось бы, совсем противоположному по стилю произведению — «Итальянской комедии» А.Н.Бенуа, одного из главных инициаторов и создателей общества «Мир искусства». В красочной контрастности светотени, в резких ракурсах (особенно в облике наклонившегося в сторону публики, спиной к зрителю, Арлекина) — фольклорная раскованность увиденной как бы из—за кулис итальянской «комедии дель'арте». Стихия зрелищ, маскарада, театра - именно в ней сливаются воедино в сознании мирискусников, ирония и пафос, уродство и красота, трагедия и комедия, реальность и сарказм маски, молчание и «мышья» (выражаясь словами Пушкина) «беготня» жизни...

В творчестве К.А.Сомова, одного из ведущих членов общества «Мир искусства», находит яркое проявление портретные поиски мирискусников. Портрет художницы Е.М.Мартыновой (1897—1900), вошедший в историю русского искусства под названием «Дама в голубом», — не просто тонкая психологическая характеристика. Недаром современники называли Сомова «чародеем». Протянутая здесь моделью рука с книгой — не только обращение, не

научное — осмысление культурно-исторического наследия, как правило увиденного сквозь призму ностальгических — порой гротеских, порой откровенно идиллических — картин прошлого.

Интерес к фольклору, народным художественным традициям — одна из отличительных сторон живописного языка Рериха. Потому—то и играют так ярко краски в созданной им в 1901 году композиции «Заморские гости».

Резко вздымается под крики взбудораженных чаек парус — корпус старинного коробля движется, рассекая собою волны, к берегам далекой легендарной Руси. Весь строй

только указующий жест, какой часто можно увидеть, скажем, на парадных портретах XVIII — начала XIX века, излюбленных мирискусниками. Печально—доверительный и вместе с тем загадочно-неприступный, «роковой», приближенный к зрителю крупным планом, он как бы заставляет звучать «струны» пустынного, окружающего фигуру женщины паркового пространства. «Эхо прошедшего времени» — так и назовет художник другой свой женский портрет, хранящийся в Третьяковской галерее.

Константин Сомов — один из представителей русского живописного «ретроспективизма», с его ностальгией по уходящему «золотому веку» — по «духу» русских усадеб, их идиллической, патриархальной, призрачной поэзии старины.

Главным выразителем этих «ретроспективных» поисков становится на рубеже веков скромный саратовский живописец, выходец из простых крестьян, В.Э.Борисов-Мусатов.

...«Поисками утраченного времени» можно было бы назвать, перефразируя знаменитый заголовок романа Марселя Пруста, картину Борисова-Мусатова «Водоем» (1902). Фигуры женщин в воздушных, как облака, одеждах составляют единое целое с застывшим маревом водоема, возникая из трепетной, словно «ускользающей» от нашего взгляда живописной ткани холста, из незамутненной сонной стихии. Это — сестра и невеста художника, однако «семейный» портрет далек от жанровой суеты и сентиментальности. Главное здесь — слитная напряженность ритма, «му-

КОНЧАЛОВСКИЙ П.П. (1876—1956). *Семейный портрет (сиенский).* 1912
Холст, масло. 226 x 290

зыка» завороженного созерцания. В смелой «смещенности» пространственного решения композиции (с высоко поднятой за пределы нашего взгляда, как будто параболически—искривленной линией горизонта), в свободном перетекании сдержанных пастельных тонов, в скрытой перекличке мотивов, образов, силуэтов рождается ощущение остановленного мгновения — «времени» не столько реального, исторического, сколько воображаемого, личного и вместе с тем реально, конкретно пережитого...

Опора на «синтетические» искания Врубеля и Брисова—Мусатова становится главным импульсом для

113

ГОНЧАРОВА Р.С. (1881—1962). *Купание лошадей*. 1911. Холст, масло. 117,2 x 102

ном мире, поиска «бытийной», изначальной гармонии.

В творчестве П.В.Кузнецова эта тема развертывается в целой серии станковых живописных полотен, объединенных общим названием «Киргизская сюита». Как куплет старинной народной песни — одна из картин цикла полотно «Спящая в кошаре» (1911), где девушка, отгороженная от внешней суеты жизни «небосводом» древней киргизской юрты — «кошары», покоится в незыблемом и уютном мире своего сна... Поэтика повседневной народной жизни, исконный ритм ее скромного бытового «ритуала» — вот что подводит мастера к емкости пластических обобщений. Этот ритм и в другой картине — «Мираж в степи» (1912), гле повисшее в небе, подобно призрачному иероглифу жизни, «знамение» словно стягивает в соцветие косых облаков «мировые линии» неприметных земных мотивов: пасущихся верблюдов, спящую девушку, бесплотные очертания людей...

Единство с природой, открывшееся Кузнецову в формах живописного киргизского эпоса, становится в эти годы важнейшей проблематикой нового поколения художников.

Художник М.С.Сарьян, окончивший вместе с П.В.Кузнецовым классы МУЖВЗ, до конца жизни сохранит в своих красочных, живописных полотнах верность эпической первозданности суровой горной природы Армении. В его ранней работе — маленьком, но блестящем шедевре «Улица. Полдень. Константинополь» (1910) — мир оранжевого солнца как будто «высекает» на плоском поле холста контрастные

живописцев созданной уже в 1907 году новой художественной группировки «Голубая роза» — С.Ю.Судейкина, Н.Н.Сапунова, П.С.Уткина, Н.П.Ульянова и прежде всего П.В.Кузнецова и М.С.Сарьяна. Их ведущим завоеванием стало открытие новой живописной темы Востока, увиденного сквозь призму скрытой мечты о сказочном, просветлен-

синие тени, сливает в праздничный ритмичный «аккорд» сапфировую глубину неба и маленькую захолустную улочку со скупыми «аппликациями» уходящих в перспективу, словно карабкающихся вверх домов. Лаконизм — одна из ярких отличительных черт творческой манеры Сарьяна.

Поиски лаконичной обобщенности становятся творческим кредо и К.С.Петрова-Водкина. Призрачные просторы фантазии, столь свойственные мастерам, художникам «Голубой розы» (особенно на раннем этапе), уступают место масштабному монументальному обобщению, сложной соотнесенности неприкрашенной правды жизни с размахом классических ренессансных традиций и хрупкой гармонией древнерусской живописи. Стремление к символической многозначности, отличающее пластические искания многих живописцев этого периода, становятся для Петрова-Водкина программным мировоззренческим, творчески-философским принципом, возводя его крупнейшие этапные композиции на уровень глобальных метафорических «эпопей»...

Именно так и было воспринято современниками представшее перед ними на выставке «Мира искусства» в 1912 году «Купание красного коня» (1912), явившегося, по выражению одного из них — критика Всеволода Дмитриева, «пламенем высоко поднятого знамени, вокруг которого можно сплотиться... первым ударом близкого в русском искусстве перелома, залогом, началом объединения русского искусства в одно сильное и единогласное движение».

В новом пространственном осмыслении древнего фольклорного образа коня, в разомкнутости «сферической» композиции, в эпической первозданности иконописных чистых

ЛАРИОНОВ М.Ф. (1881—1964). *Отдыхающий солдат.* 1911. Холст, масло. 119 x 122

115

цветов (знаменитой «трехцветке» Петрова-Водкина) — красного, синего и желтого — воплотилось учение мастера о новом, «планетарном» единстве Пространства и Времени.

Открытия Петрова-Водкина во многом знаменуют собой начало нового мировоззренческого этапа в истории русской живописи, связан-

ного в значительной степени с движением авангарда.

В это время само понятие станковой картины расширяется, «смазывается», порой отступает на задний план, уступая место утопическим в своей грандиозности проектам универсального монументального синтеза: мечте о сложном взаимодействии искусства, науки, техники, идеям тесной взаимосвязи музыки и архитектуры, живописи и литературы, скульптуры, танца, поэзии... Все больше художников уделяет в эти годы внимание оформлению театральных постановок. «Фольклорный» аристократизм «Дягилевских сезонов», принесший на рубеже 1900—1910-х годов широкую мировую славу Коровину и Серову, Баксту и Бенуа, Ларионову и Гончаровой, Рериху, находит творческое переосмысление в знаменитых постановках «Союза молодежи» - опере «Победа над Солнцем» и трагедии «Владимир Маяковский», — отливается в стройные эстетические системы К.Малевича, В.Кандинского, А.Скрябина.

Традиции творчества французского живописца Поля Сезанна с его ритмической цельностью, идеей единства мироздания ложатся в основу нового московского общества молодых художников «Бубновый валет», объединившего в 1910 году А.А.Осмеркина, В.В.Рождественского, А.В.Лентулова, П.П.Кончаловского, И.И.Машкова, Р.Р.Фалька... Так рождается русский кубизм, или «сезаннизм». Стремление увидеть мир в его зримой, весомой ощутимости, «вещности», в реальной динамической сплавленности сложных систем объемов, «секущих» друг друга «плоскостей», приводит к созданию как в живописи, так и в литературе тех лет уникального явления — русского кубофутуризма. Его важнейшей чертой становится обращение не только к мировому искусству, но прежде всего к собственной народной традиции — вывеске, игрушке, лубку...

Художник И.И.Машков прямо обращается к народному промыслу - к традициям росписи подносов. Его «Фрукты на блюде» (1910) не просто обычный натюрморт — это зрелище, в котором привычные фрукты, картинно выложенные в красочных объемных соотношениях, невольно воспринимаются как участники праздничного театрального действа на огромной «палитре» — «площади»...

Неожиданно новое качество обретают традиции Сезанна в творчестве Р.Р.Фалька. Его полотна — «Пейзаж» 1910-х годов, «Солнце. Крым. Козы» (1916) — таят в себе как будто скрытую бытийную силу, словно «скованную» в сдержанном, ритмичном перетекании живописных предметных форм...

Ритмическое, «музыкальное» звучание образа и в программном монументальном холсте А.В.Лентулова «Василий Блаженный» (1913). Склоненные силуэты куполов, увиденных как бы с разных точек зрения, громоздятся, «эхом» повторяя, перекрывая и перебивая друг друга, множась и разрастаясь на глазах. В этом «многоголосье» продуманной пространственно-геометричной

117

ФИЛОНОВ П.Н. (1883—1941). *Композиция. Холст, масло. 117 x 154,5. Фрагмент* условности и вместе с тем фольклорной стихийности и возникает образ громадного исторического и мировоззренческого «взрыва» — мощного и очистительно-цельного.

В творчестве П.П.Кончаловского народные традиции укладываются в могучее русло классических европейских реминисценций. Персонажи Сиенского портрета» (1912) как будто дышат ренессансной гармонией, основательностью, устойчивостью внутреннего и внешнего мира. «Именно в Сиене я обратил почему-то внимание на то, что живые люди садятся иной раз в итальянской комнате так, будто они позируют для фрески. Сама жизнь подсказала мне для сиенского портрета это фресковое, круговое построение... Сиена и дала мне ту монументальность композиции, которая есть в этом портрете», — писал о своей ранней работе впоследствии сам художник. Однако при всей классичности огромного монументального полотна, решенного в неожиданно розовом — как будто в живописи «al fresko» — колорите, нельзя не заметить и другого: той подкупающей непосредственности, с которой автор изобразил членов своей семьи, поместив рядом с ними, конечно же, и свой собственный, далеко не «идеальный» автопортрет. В условности решения композиции ощутим дух древнего «примитивного» искусства.

Иератической, почти «знаковой», ритуальной застылостью отмечены в это время и образы одного из основателей возникшей в 1911 году группировки «Ослиный хвост» — М.Ф.Ларионова. Его «Отдыхающий солдат» (1911), созданный еще до первой мировой войны, становится программным воплощением эстетики русского авангарда. Сознательная деформация, «снижение» образа, «эпатаж» — выражение не только прямого творческого протеста, но и новых, художественных и социальных, симпатий целого поколения художников. Неказистый облик простого, обыкновенного солдата, с характерной «самокруткой» в зубах, четкий абрис фигуры — косоватой, словно нарочно и «не как в жизни» перекрученной — сродни народным, детским рисункам, наподобие тех, что намалеваны на стене за спиной солдата каким-то безымянным «художником»...

Обращение как Ларионова, так и спутницы его жизни Н.С.Гончаровой к повседневной крестьянской жизни по-своему глубоко симптоматично. Интерес к крестьянскому жанру — явление, характерное для всей русской художественной культуры 1860—1910-х годов — поэзии, литературы, музыки... Для Ларионова и Гончаровой он «отливается» прежде всего в мысль о взаимосвязи привычного быта и народно-поэтических представлений. В них и воплощается для художников мудрая жизнестойкость простого народа — будь то рота простых солдат, крестьяне или даже население провинциального городка, — переданная художниками в новой экспрессивной «неопримитивистской» манере.

«Купание лошадей» (1911) — одна из самых выразительных работ Гончаровой. Протекающая среди широких возделанных равнин речка - «средоточие» праздничности мирного, мерного бытия, выстроенного

118

МАЛЕВИЧ К.С. (1878—1935). *На сенокосе.* 1929. Повторение картины, исполненной в 1909. Холст, масло. 85,8 x 65,6

ШАГАЛ М.З. (1887—1985). *Над городом.* 1914—1918. Холст, масло. 141 x 198

каждодневным крестьянским трудом. Коренастые, оранжевые от загара мужики, лошади, парни на берегу, наконец, заросли листьев на реке — все это находится в складном, живом единстве со стихиями воды, воздуха, дерева, словно вросшего в небо радужным переливом лилово-зеленых крон, вскормленных мощными соками земли. Их упругие, гротескно-лаконичные очертания, обведенные ярким солнечным «ореолом», перекликающиеся с ровными линиями полей, напоминают народный примитивный рисунок. Слитная энергия ритма — уверенного, динамически-беспокойного — создает плоский цветной «ковер», на котором с немногословной жизненностью убедительно разворачивается нехитрый, по-своему могучий и драматичный эпос исконного народного быта.

К эпической обобщенности обращается в эти годы и К.С.Малевич. С детства связанный с бытом русской и украинской деревни, он на всю жизнь сохранил верность безымянному народному творчеству. Картина «На сенокосе» (1929), созданная (судя по авторской надписи) на «мотив 1909-го года», — одно из ценнейших свидетельств глубокого интереса мастера уже в 1900-е годы к повседневной народной жизни. Фигура крестьянина — своеобразный пластический мотив, проходящий через все творчество художника, по которому Малевич «сверяет» масштабы внутренних ритмических отношений... Не случайно и новое, отличающее самобытную манеру Малевича, автора знаменитого «Черного квадрата», специфическое свечение цвета, его связь с логикой лаконичных, «железных» — рукотворных и нерукотворных — форм. Во внутренней, изначальной «конструктивности» — не только подспудная жизненная сила, заключенная в скрытых тайниках творческой народной души, но и новое осознание единства быта и Бытия, стремление вырваться к космическим глубинам сознания, к абстрактным бытийным «первоформам»...

В творчестве П.Н.Филонова преодоление первобытного хаоса становится как бы исходным формообразующим «импульсом». Картины Филонова часто не имеют прямого сюжетного названия. Их смысл — в самой программности метода, названного Филоновым, автором знаменитой книги «Пропевень о про-

ПОПОВА Л.С. (1889—1924). Скрипка. 1915. Холст, масло. 88,5 × 70,5 (овал в прямоугольнике)

росли Мировой», «аналитическим». В свободном нагромождении неясных, спонтанных форм, «дробящихся». подобно кристаллам или клеткам фантастических застывших зверей, растений, как на принадлежащем собранию Третьяковской галереи полотне «Композиция», — внутренняя глубинная логика (мир «формул», пользуясь термином Филонова), заставляющая неожиданно вспомнить не только научные «откровения» тех лет (например, в ра-

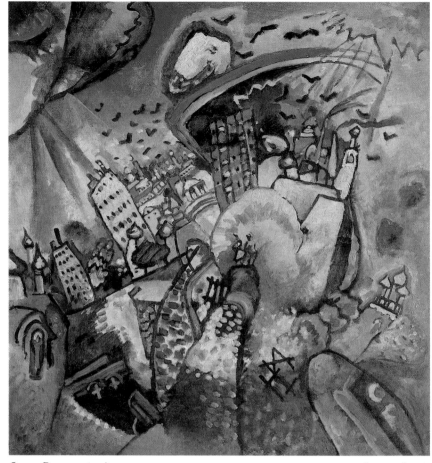

КАНДИНСКИЙ В.В. (1866—1944). *Москва. Красная площадь.* 1916. Холст, масло. 51,5 x 49,5

ботах Вернадского), но и давние художественные опыты Врубеля или Чистякова.

Внутренняя «созвучность» сознания Филонова современной музыке с ее эстетикой «диссонанса», выраженная, в частности, в известном позднем холсте художника «Музыка Д.Шостаковича», — свидетельство сложных поисков новых диапазонов творчества. В это время одно художественное движение сменяет другое, подчас «накладываясь» друг на друга, рождая сложный, порой уникальный сплав.

Для Л.С.Поповой, в разное время отдавшей дань различным художественным течениям — от супрематизма до конструктивизма, — «портрет» скрипки (в известной картине «Скрипка», 1915) не просто повод для модного в те годы «разложения» предмета на плоскости. Образ строится на тонкой, еле «слышной», чуть различимой «вибрации» — сопряжении плоских абстрактных форм, «оправленных» в четкую конструкцию силуэта. Перед нами не столько инструмент, сколько «идея» скрипки — символа нового, «творящего» (применяя выражение В.Хлебникова), лирико-эпического постижения мира.

Картина М.З.Шагала «Венчание» (1918) — один из признанных шедевров собрания Третьяковской галереи. Парящий ангел осеняет своим крылом двух «затерявшихся» на этой земле влюбленных, в чьем облике отчетливо можно различить и образ самого мастера. Светлый праздник, в котором проскальзывает чуть «слышный» мотив прощания каждого со своим тайным, глубоко сокровенным прошлым, как будто становится «венчанием» героев на «крестные муки» счастья, «провидением» скрытых, несвершившихся и несвершенных, «случайных» ходов судьбы...

«Гимн» хрупкой, непреходящей ценности жизни — и в огромном поэтическом полотне Шагала «Над городом» (1914—1918), где двое влюбленных, парящих в воздухе, как будто осеняют своим присутствием образы «скользящего» далеко внизу — во всей своей захолустной неприглядности и лирически-притягательной простоте — скромного провинциального городка...

...Мир, как бы увиденный с высоты птичьего полета, — такой предстает Москва в программном живописном произведении В.В.Кандинского «Москва. Красная площадь» (1916). Подобно Витебску в полотнах Шагала, Москва проходит через все творчество Кандинского как скрытый лирический лейтмотив, как универсальный живописный «камертон» (по собственному выражению мастера), как верность художника своим почвенным национальным корням, истокам...

Победа «духовного» над косным, звучащего над немым (как в другом полотне Кандинского — «Георгий Победоносец», воскрешающем образ, запечатленный и на древнем гербе Москвы), — таков апокалиптический и вместе с тем возвышенно-просветленный смысл «взвихренного» мира в картине Кандинского «Москва. Красная площадь». Автор знаменитых монументальных крупноформатных «Композиций» (часть которых находится сегодня в собрании Третьяковской галереи), Кандинский одним из первых в мировой живописи поставил перед искусством цель сознательного «высвобождения» художником на холсте энергии движения, цвета, звука. Их синтез для художника (пользуясь выражением самого Кандинского) — «ступени» к будущему нравственному, духовному очищению человека.

Коллекция русской живописи конца XIX — начала XX века в собрании Государственной Третьяковской галереи органично вошла в золотой фонд мировой культуры, побуждая и сегодня к новым художественным исканиям.

КАНДИНСКИЙ В.В. *Композиция № 7.* 1913. Холст, масло. 200 x 300

125

ЩЕДРИН СЕМ.Ф. (1745—1804)
Пейзаж с руинами. 1799
Бумага, сепия, тушь, кисть, перо
48 х 37

Рисунок XVIII – начала XX века

Автор-составитель
Е.Л. Плотникова

Треьяковская галерея владеет большой коллекцией рисунка. Это великолепное собрание менее доступно зрителю, а потому и менее знакомо ему. В силу особой чувствительности бумаги, а также хрупкости самих рисовальных техник эти произведения не могут подолгу зкспонироваться на свету (будь то естественный или искусственный свет) и требуют особых условий хранения. Поэтому показ рисунка в музее может быть только сменным и непродолжительным. Появляясь в экспозиции, произведния рисовального искусства неизменно радуют зрителя своей красотой и изысканностью.

Рисунок — один из древнейших видов художественного творчества. Он — начало всех изобразительных искусств. В рисунке рождается первоначальный замысел и скульптора, и архитектора, и живописца. Он служит творческой лабораторией всякого мастера, включающей подготовительные наброски, этюды, эскизы, натурные штудии. Рисунок существует и как самостоятельный вид искусства, имеющий свои специфические законы, особый язык и свои условности. Рисунок говорит на языке линий, штрихов, пятен, при помощи которых на поверхности бумаги (или картона) создаются пространство и объем. В отличие от живописца, рисовальщик не стремится заполнить всю поверхность бумаги. Нетронутая белая поверхность листа играет такую же активную роль, как и те разнообразные материалы, которыми художник работет. Рисовальные техники условно можно разделить на «сухие» и «мокрые». К «сухим» принадлежат различные карандаши, уголь, мел, сангина, соус, пастель. В этих техниках преобладает рису-

КОЗЛОВСКИЙ М.И. (1753—1802). *Портрет неизвестного.* 1788. БУМАГА, САНГИНА. 49,6 x 34,5

129

СОКОЛОВ П.Ф. (1791—1848). *Портрет княгини, О.А.Голицыной, урожденной Щербатовой.* 1847. Картон, акварель. 33,1 x 26,1

нок линейный или штриховой. «Мокрые» техники дают возможность работать пятном с помощью кисти. Сюда относятся акварель, сепия, тушь, мокрый соус. Особое место среди рисовальных техник занимает акварель. Мастер акварели, как и живописец, владеет всем богатством цвета. Однако приемы письма - пятно, свободные затеки, размывка - располагают художника к большей условности языка. Малый формат листа бумаги, чистая поверхность которой бережно сохраняется, — все это делает акварель одной из самых изысканных рисовальных техник.

Особенности языка, его стремление к лаконизму и недосказанности составляют эстетическое своеобразие рисовального искусства. Рисунок - это чаще всего лист небольшого размера. Его хочется рассматривать вблизи. При этом зритель видит каждую линию, каждый штрих, проведенный рукой мастера, и его не покидает чувство, что он присутствует при самом акте творчества, когда на его глазах рождается произведение искусства. Это постоянное ощущение авторского дыхания сообщает рисунку ни с чем не сравнимое обаяние и притягательную силу.

Знакомясь с коллекцией рисунков Третьяковской галереи, можно составить представление о том, какова роль и стилистические особенности рисунка в ту или иную эпоху, какие специфические жанры возникали и процветали в рисовальном искусстве в разные исторические периоды, можно наблюдать, чем отличаются рисунки живописцев, скульпторов, архитекторов и собственно рисовальщиков и, наконец, каким рисовальным техникам отдавали предпочтение мастера разных эпох.

КИПРЕНСКИЙ О.А. (1782-1836). *Портрет А.П. Бакунина, лицейского товарища А.С.Пушкина.* 1813. Бумага, итальянский карандаш, пастель. 30,2 x 25

Существующая ныне и насчитывающая более двадцати тысяч листов коллекция рисунка имеет свою историю. Начало ее было положено основателем галереи П.М.Третьяковым. Отдавая в своей собирательской деятельности предпочтение живописи, Третьяков понимал роль и значение

131

ТОЛСТОЙ Ф.П. (1783—1873). *Ягоды красной и белой смородины.* 1818
Бумага коричневая, акварель. 17,4 x 23,8

рисунка в творческом наследии художников. Не случайно им были приобретены большие массивы рисунков художников-современников и мастеров прошлого. В конце 1880-х годов он уже располагал значительным числом графических проиозведений, намереваясь создать в Галерее специальный отдел рисунка. После смерти Третьякова в его собрании насчитывалось 1619 рисунков, акварелей и гравюр. В дальнейшем, в 1920-х годах, в собрание Галереи влились две большие московские коллекции рисунка — И.Е.Цветкова и И.С.Остроухова, создававшиеся параллельно с трерьяковской.

Цветковское собрание было задумано его основателем И.Е.Цветковым как музей рисунка. Его коллекция, складывавшаяся с 1880-х годов, отличалась широтой охвата материала и полнотой представленных в ней имен русских художников. Наряду с известными мастерами здесь встречались имена почти безвестные, но оставившие след в истории русского рисунка. Собрание Цветкова, переданное им в 1909 году в дар городу Москве, фактически стало первым в стране музеем русского рисунка. Ставшее после национализации филиалом Третьяковской галереи, а с 1925 года вошедшее в ее состав, цветковское собрание составило неотъемлемую часть нынешней коллекции рисунков.

Коллекция И.С.Остроухова формировалась примерно в те же годы, что и две предыдущие, и поступила в Галерею в 1929 году, после смерти собирателя и реорганизации музея, носившего его имя. Как коллекционер, Остроухов счастливо соединял эрудицию знатока истории искусства и безошибочный глаз художника-профессионала. Главным его критерием

БРЮЛЛОВ К.П. (1799—1852). *Всадники. Пртрет Е.И.Мюссара и Э.Мюссар.* 1849. Картон, акварель, белила, итальянский карандаш 69 x 59,9

133

134

в отборе материала были высокие эстетические качества рисунков, отмеченных большим художественным
мастерством.

Объединенные вместе, эти три коллекции, прекрасно дополняя друг
друга, образовали ядро нынешнего
собрания рисунков Третьяковской
галереи. На протяжении 1920-х годов
оно активно пополнялось через Государственный музейный фонд. В даль-

нейшем и по настоящее время ком-
плектование осуществляется путем
приобретений. Особую ценность коллекции составляют произведения
(число их весьма значительно), при-
несенные в дар, за что музей всегда
глубоко признателен дарителям.

Коллекция Галереи представляет
историю русского рисунка с конца
XVIII века. Со времени основания
Академии художеств (1757) рисунок

почитался основой трех «знатнейших художеств» - живописи, скульптуры и архитектуры. Поэтому классические образцы рисунка этого времени мы находим в творчестве известных скульпторов, архитекторов, живописцев и граверов, таких, как М.И.Козловский, В.И.Баженов, Сем.Ф.Щедрин, Г.И.Скородумов. Многие из них были прекрасными рисовальщиками. В рисунке XVIII века превалируют два основных жанра - пейзаж и портрет. В наиболее классическом варианте пейзажный рисунок представлен в творчестве известного живописца Семена Щедрина. Его «Пейзаж с руинами» рисован в традициях классического пейзажа с характерной тщательной разработкой листвы и каменной кладки руин, превращающей материальные предметы в красивую декоративную ткань рисунка.

Другим жанром, получившим права самостоятельности в конце XVIII века, был портретный рисунок. Пример тому - «Портрет неизвестного» работы блистательного рисовальщика того времени скульптора М.И.Козловского. Исполненный в излюбленной тогда технике сангины, придающей рисунку особую теплоту, профильный портрет ассоциируется со скульптурным рельефом, а мягкость светотеневой моделировки напоминает перетекание света по поверхности мрамора. В манере рисунка ясно ощущается рука ваятеля, его особое видение мира.

В первой половине XIX века рисовальное искусство достигает большой профессиональной высоты. Рисунок подымается на один уровень с живописью и скульптурой, а в чем-то и превосходит их. Именно в это время рисунок становится предметом коллекционирования. К нему начинают относиться как к самостоятельной эстетической ценности. Высокий уровень общей художественной культуры и, в частности, профессиональной подготовки художников был той почвой, на которой выросли и достигли расцвета таланты таких блестящих мастеров рисунка, как О.А.Кипренский, К.П.Брюллов, А.А.Иванов.

Ярким и интереснейшим явлением той эпохи был расцвет камерного ка-

135

МАКОВСКИЙ В.Е. (1846—1920). *Любитель старины*. 1869. Бумага, акварель. 27,5 x 18,6

рандашного, а затем и акварельного портрета. Карандашный портрет возникает в то время, когда в русской литературе мы наблюдаем расцвет лирической поэзии, а в музыке получает широкое распространение романс. Все это явления одного плана. Их возникновение и развитие связано с новым направлением в искусстве — романтизмом, с характерным для него обостренным интересом к духовной жизни человека, к миру его чувств и мыслей. Особые стилистические черты приобрел карандашый портрер в творчестве О.А.Кипренского, которого по праву считают родоначальником этого жанра в русском искусстве. Портрет А.П.Бакунина, лицейского товарища А.С.Пушкина, относится к раннему периоду творчества художника. Он исполнен в любимой мастерами той эпохи технике итальянского карандаша. Глубокий черный штрих, отличающийся особой бархатистостью тона, «озвучен» в этом рисунке цветом пастели. Очень характерен для Кипренского прием косой штриховки, проложенной на фоне, по абрису фигуры. Плоскость фона, подчеркнутая диагональными линиями, и даже подпись-монограмма, артистически расположенная на рисунке, утверждают поверхность листа, откровенно напоминая об условностях графического языка. Карандашные портреты Кипренского, создававшиеся в эпоху, отмеченную такими событиями, как Отечественная война 1812 года, восстание декабристов, и осененную гением Пушкина, остаются для нас поэтической памятью этой эпохи. Вслед за Кипренским камерному портрету посвятили свое творчество многие рисовальщики того времени, внося в его стилистику свои индивидуальные черты.

ФЕДОТОВ П.А. (1815—1852). *Прогулка*. 1837. Бумага, акварель. 26,5 х 21,4
Изображены: П.А.Федотов в форме лейб-гвардии Финляндского полка, А.И.Федотов, отец художника, А.И.Калашникова, сводная сестра художника

137

КРАМСКОЙ И.Н. (1837—1887). *Святочное гадание*. 1870-е. Бумага, итальянский карандаш, сепия, растушевка. 25,8 x 34,5

Совершенно особое место в русской художественной культуре занимает самобытное искусство известного скульптора, медальера и рисовальщика Ф.П.Толстого. Этот мастер, оставивший большое графическое наследие, был замечательным акварелистом. Его знаменитые акварельные «обманки» с изображением цветов и фруктов, созданные для того, чтобы радовать глаз, вводят в особый окружающий человека микромир. Иной раз художник как бы подшучивает над зрителем, обманывая его: то «посадит» мушку, которую хочется согнать, то нарисует капельку, которую хочется смахнуть. В акварельных листах Толстого чувствуется подход художника, подобный подходу ювелира, создающего красивую вещь и всегда стремящегося к тщательности и отточенности формы. Созданные «Толстого кистью чудотворной», эти акварели широко вошли в быт эпохи,

ВАСИЛЬЕВ Ф.А. (1850—1873). *Ручей в лесу.* 1871—1873. Бумага, сепия, белила. 38 х 26,1

139

ШИШКИН И.И. (1832—1898). *«На севере диком…»* На тему стихотворения М.Ю.Лермонтова Бумага, итальянский карандаш, белила. 16,6 х 12,2

РЕПИН И.Е. (1844—1930). *За роялем.* 1905
Бумага, уголь, итальянский карандаш, сангина,
растушевка. 45,5 x 29

украшая страницы альбомов или стены гостиных.

Рядом с карандашным портретом в первой половине XIX века возникает и получает широкое распространение акварельный портрет. Его расцвет связан с именем П.Ф.Соколова, посвятившего все свое творчество исключительно этому жанру искусства. Соколов с блеском владеет акварельной техникой, прекрасно чувствуя ее специфику. Его лучшие портреты написаны почти без примеси белил. Художник достигает максимальной чистоты и прозрачности тона, включая в арсенал своих художественных средств и бумагу, которая, просвечивая сквозь красочный слой, усиливает цветовое звучание. Небольшой размер акварельного пгртрета, относительная быстрота его исполнения сделали его широко доступным. Подобные портреты заказывали к свадьбе, они занимали место на стенах кабинетов и гостиных. Маленький портрет можно было взять в дорогу на память о близком человеке. Именно такие портреты увозили в далекую ссылку декабристы. Жанр акварельного портрета увлек многих художников. Как значительное явление искусства, акварельный портрет был детищем своего времени и ушел со сцены вместе с ним, сохранив для нас облик людей той далекой эпохи.

Блестящие образцы акварельного портрета находим и в творчестве К.П.Брюллова. В отличие от хрупких и тонких по цветовому решению листов Соколова, брюлловские портреты полнокровны и материальны. В них всегда чувствуется рука мастера-живописца. Брюллов создал новый тип акварельного парадного портрета, решенного как композиционный, зачастую двойной, на фоне пейзажа.

В сравнительно небольших листах художник достигает картинной завершенности, их отличает необыкновенная живописная маэстрия. Акварельный портрет был лишь частью огромного рисовального наследия Брюллова. Рисунок был для него и творческой лабораторией,и самостоятельной областью творчества. Во всем, — начиная с набросков первых замыслов полотен и кончая завершенными рисунками и акварелями, — во всем проявляется высокое мастерство рисовальщика, темпераментно владеющего линией и цветом.

В истории русского рисунка особое место принадлежит А.А.Иванову. Его графическое наследие, в свое время по завещанию брата художника поступившее в Московский Румянцевский музей, было передано в 1925 году в Третьяковскую галерею и ныне составляет гордость ее собрания. Размеры этого графического наследия колоссальны. Это и натурные штудии, и подготовительные рисунки, жанровые и пейзажные акварели, и, наконец, знаменитые библейские эскизы. Цикл библейских эскизов — это подлинный шедевр акварельной живописи. Иванов открывает здесь совершенно неожиданные стилистические приемы, еще неведомые его эпохе. Многолистный цикл (около 200 законченных листов и множество подготовительных разработок), представляющий собой эскизы настенных росписей, приобретает звучание монуметальных фресок. Величавая простота жанровых сцен чередуется здесь с драматической напряженностью сцен трагедийных. Цвет и свет — эти главные средства художественного языка Иванова — открывают в небольших листах невиданную пространственную глубину, рождают

СЕРОВ В.А. (1865—1911). *Портрет балерины Т.П.Карсавиной*. 1909. Бумага, графитный карандаш. 42,8 x 26,7

141

ЛЕВИТАН И.И. (1860—1900). *Осень.* 1890-е. Бумага, акварель, графитный карандаш. 31,5 x 44

пластическую экспрессию формы, превращают белую бумагу в поверхность, излучающую ослепительный свет. В зависимости от эмоционального строя сцены цвет звучит то приглушенно и сдержанно, то в полную силу. Приемы акварельного письма свободно варьируются, в зависимости от той или иной живописно-образной задачи. Каждый лист написан в своем колористическом ключе. Иногда художник работает по цветной бумаге (серой или коричневой), тон которой объединяет многоголосие цветовых пятен. Выразительность подвижных контуров подчеркивает необычайную пластичность композиций. Эмоциональная экспрессия и глубокий философский смысл эскизов делают их вечно современными.

В искусстве середины XIX века на первый план выходит бытовой жанр. Его развитие связано с именем П.А.Федотова, в творчестве которого рисунок занимал исключительное место. Художник прекрасно владел карандашом, работал акварелью и сепией. Наиболее известна его серия исполненных сепией композиций нравственно-критического содержания, в которых Федотов предстает как замечательный мастер фабулы. Гораздо менее знакомы широкому зрителю принадлежащие Галерее ранние акварели художника, исполненные в Москве. Среди них привлекает своей наивной торжественностью лист под названием «Прогулка», представляющий одновременно жанровую сцену и своеобразный парадный портрет молодого художника с его родными. В графическом наследии Федотова большое место занимает рисунок с натуры, меткая зарисовка. В этих листах художник ищет выразительности на языке линий, на том

СУРИКОВ В.И. (1848—1916). *Севилья.* 1910. Бумага, акварель. 35 x 25

143

ВРУБЕЛЬ М.А.(1856—1910). *Роза,* 1904
Бумага, на картоне, акварель, графитный карандаш. 29,8 x 18,5

удивительном языке, который самое обыкновенное и заурядное в жизни превращает в эстетически прекрасное в искусстве. Рисунок-набросок, как самостоятельное произведение искусства, как эстетическая категория, в дальнейшем получит развитие, но уже в новом качестве, в творчестве мастеров-рисовальщиков второй половины XIX века И.Е.Репина и В.А.Серова.

Начатая Федотовым бытовая тема находит продолжение у П.М.Шмелькова, П.П.Соколова, В.Е.Маковского, В.Г.Перова и многих художников-передвижников. Однако в эпоху, когда на первый план выдвигаются социальные проблемы, в изобразительном искусстве господствующее место занимает масляная живопись с ее ведущей формой — станковой картиной. Рисунок и особенно акварель у большинства передвижников утрачивают самостоятельное значение и играют вспомогательную роль. Среди этого поколения художников больше других уделяют внимание рисунку и акварели И.Н.Крамской и Н.А.Ярошенко, а также пейзажисты — А.К.Саврасов, Ф.А.Васильев, И.И.Шишкин, позже В.Д.Поленов и И.И.Левитан. В творчестве И.И.Левитана акварелей немного, но они всегда привлекают тонким проникновением в состояние природы. Художник понимал своеобразную прелесть акварельной техники. В его листе «Осень», написанном в едва уловимых, приглушенных тонах, минимальными средствами создан полный грустного лиризма образ угасающей природы.

Новый взлет графических искусств, возвращение рисунку и акварели их самобытной художественной ценности происходит в творчестве замечательной плеяды мастеров — И.Е.Ре-

БОРИСОВ-МУСАТОВ В.Э. (1870—1905). *Дама в голубом.* 1902. Бумага на холсте, акварель, пастель. 81,5 x 62,5

146

СОМОВ К.А. (1869-1939). *Эхо прошедшего времени.* 1903. Бумага на картоне, акварель, гуашь. 61 x 64

пина, В.И.Сурикова, В.А.Серова, М.А.Врубеля.

Крупнейший рисовальщик второй половины XIX века, И.Е.Репин, свободно владевший различными техниками рисунка, рисовавший много и плодотворно, оставил огромное графическое наследие. На протяжении нескольких десятилетий менялась рисовальная манера художника, но всегда сохранялась его страстная влюбленность в материальность окружающего мира. Репин — мастер объемно-пластического, тонального рисунка. Более всего ему свойственна живописная манера, где линия, штрих сочетаются с растушевкой. В 1880-х годах он создает свои лучшие графические портреты. В его творчестве самостоятельной ценностью становится портрет-набросок. В беглой зарисовке Репин умеет схватить самое характерное в своей модели и одновременно опоэтизировать ее, создать законченный художественный образ. В 1890-х годах художник достигает вершины рисовального мастерства. Рисунок его обретает необычайную свободу и живописность. В таких графических полотнах, как портреты Э.Дузе и В.Серова, исполненных углем на холсте, художник создает образы монументального звучания. В начале 1890-х годов репинский рисунок становится легче и светлее. Мастера увлекают импрессионистические поиски. Его модели погружаются в световоздушную среду, линия становится вибрирующей. Легко нанесенная растушевка придает рисунку особую прозрачность. Художник часто оживляет черный рисунок тоном сангины. Один из таких листов — «За роялем», в котором едва касающийся бумаги штрих и тонкая пелена растушевки создают

147

ЛАНСЕРЕ Е.Е. (1875—1946). *Императрица Елизавета Петровна в Царском Селе.* 1905
Бумага, гуашь. 43,5 x 62

ДОБУЖИНСКИЙ М.В. (1875—1957). *Человек в очках. Портрет поэта К.А.Сюннерберга* (Конст. Эрберг). 1905—1906. Бумага, уголь, акварель, белила. 63,3 х 99,6

ткань рисунка, напоенного светом и воздухом.

Блестящий взлет акварели связан с именем В.И.Сурикова, прирожденного мастера цвета, остро ощущающего колористическое богатство мира. Не случайно в его графическом наследии акварель преобладает. Характерно, что свои будущие полотна художник мыслил прежде всего в цвете, намечая в акварельных эскизах основные красочные соотношения.

Суриков работал акварелью в течение всей творческой жизни, однако особый подъем его акварельная живопись переживает дважды. Первый относится к 1880-м годам, времени путешествия художника в Италию. Образы Италии, воссозданные Суриковым в его излюбленной синевато-сизой холодной гамме, пронизанные рассеянным светом и влажным воздухом, наделены тонким чувством цветовой гармонии. Второй взлет су-

влажную бумагу, не скрывая откровенной условности приема. Цвет, звучащий у Сурикова полным голосом, необычайно эмоционален и предельно выразителен. Он может быть то празднично ликующим, то драматически экспрессивным. Поздние суриковские акварели по их художественной стилистике принадлежат к созданиям XX века.

На рубеже XIX—XX веков рисовальное искусство отмечено двумя блистательными именами. Это — В.А.Серов и М.А.Врубель.

Серов с ранних лет, в течение всей творческой жизни не расставался с карандашом. Рисунок был его стихией. Колоссальное графическое наследие мастера отличается большим жанровым диапазоном. Здесь и беглые наброски, и академические штудии, пейзаж и исторический жанр, античные темы и обнаженная модель, шаржи и зарисовки зверей. Но самым плодотворным и любимым стал для Серова портретный рисунок. Ученик Репина и Чистякова, он твердо усвоил их систему рисования с натуры, крепкую построенность формы, интерес к старым мастерам. Ранние рисунки художиика отмечены подробной, тщательной моделировкой. В дальнейшем, в поисках обобщенности и ясности рисовального языка, Серов приходит к лаконичному линейному рисунку. В рисунках классического периода его творчества (1890—1900-е годы) ощущается такая свобода владения пластической формой, при которой малейшие ее изгибы и движения подмечены виртуозной выразительной линией. В эти годы рождается особый тип серовского рисунка, способного о многом сказать минимальными средствами. Внешняя недосказанность несет в се-

риковской акварели связан с его поездкой в Испанию в 1910 году. В листах испанской серии словно прорвалась наружу вся необузданная цветовая стихия. Звонкие, интенсивные краски собраны в единый цветовой оркестр, звучащий с неистовой радостью. Верно взятые цветовые соотношения превращают белую бумагу в ослепительно освещенную поверхность. Прозрачная краска широкими, свободными заливками ложится на

КУСТОДИЕВ Б.М. (1878—1927). *Ярмарка*. 1906. Бумага, гуашь. 68 x 102,5

бе большую смысловую нагрузку. Для каждого портретного образа Серов находит особый графический язык, ярко выявляющий характер модели. Так, из нескольких певучих, плавных и предельно выверенных линий возникает поэтичный образ балерины Карсавиной; короткими, нервными штрихами схвачены портретные черты артистов Художественного театра; широко, размашисто, крепкими, уверенными линиями со-

здан могучий образ Шаляпина, утверждающий невиданную мощь и широту этого огромного таланта; с карикатурной гротескностью, ломким, угловатым контуром дан декоративный абрис фигуры в эскизе портрета танцовщицы Иды Рубинштейн. Много работал Серов и в акварели. Чуткий вкус художника находил особое благородство этой трудной техники в изысканной сдержанности цвета и красивой матовой поверхности.

Врубель — непревзойденный рисовальщик, чье творчество отмечено редким даром фантазии, безупречным вкусом и остро-индивидуальным, только ему присущим почерком. В трактовке формы у Врубеля ощущается та же чистяковская школа, однако преображенная его собственным талантом. Ритм граненых плоскостей, заполненных нервным, взбудораженным штрихом, создает живую вибрацию поверхности его карандашных листов. Только Врубель умел так одушевлять ткань рисунка, насытить ее трепетным чувством внутреннего состояния человека. С необычайным мастерством владел Врубель акварельной техникой. Акварель была для художника тем пробным камнем, на котором он испытывал свои возможности владения цветовой пластикой. Врубелевские акварели — это целый мир маленьких драгоценностей, переливающихся мозаикой цветовых россыпей. Как никто другой, понимал художник истинные качества акварели — ее светоносность, прозрачность, богатство цветовых рефлексов, создающих мерцающую поверхность листа. Нервная обостренность восприятия мастера позволяла ему постигать всю тональную щедрость и многоцветие мира. С одинаковым напряжением всматривается художник в человеческое лицо и фактуру ткани, в прихотливые формы цветка и в глубины фона. Силой своего воображения он сообщает самым прозаическим вещам ощущение таинственной, скрытой жизни. В творчестве Врубеля акварельная живопись XIX века достигла своего апогея. С полным основанием И.Э.Грабарь считал художника «лучшим акварелистом во всей истории русского искусства».

ШАГАЛ М.З. (1887—1985). *Вид из окна*. 1914—1915
Бумага на картоне, гуашь, масло, графитный карандаш. 49 х 36,5

151

ПЕТРОВ-ВОДКИН К.С. (1878—1939). Голова девушки. 1912
Бумага, прессованный уголь. 33,8 х 24,2

Среди мастеров рубежа XIX—XX веков большим своеобразием отмечено творчество В. Э.Борисова-Мусатова. Он один из немногих художников этого времени, хранящий в чистоте технику акварели и владеющий ею с профессиональным блеском. Мастер изысканный и тонкий, он создает поэтические акварельые композиции и портреты, полные музыкальных ритмов. Его большие акварели, написанные в блеклых тонах в стиле старинных гобеленов, ведут зрителя в мир призрачных образов фантастической мечты. Творчество Борисова-Мусатова стилистически близко и родственно по духу мастерам «Мира искусства». С выходом на художественную сцену талантливого созвездия художников этого творческого объединения наступает новый период в истории русской графики. А.Н.Бенуа, К.А.Сомов, М.В.Добужинский, Л.С.Бакст, Б.М.Кустодиев, Е.Е.Лансере и другие — все они, несмотря на различие творческих индивидуальностей, были объединены общим стремлением к высокому профессиональному мастерству, поискам современного языка в искусстве. Наследие мирискусников поражает большим тематическим разнообразием, многоликостью творческих устремлений. С одной стороны — обращение к искусству прошлого, к истории и народному быту, с другой — неуемное желание работать во всех сферах, где нужен глаз художника (театр, книга, монументально-декоративные росписи).

В поисках новых выразительных средств художники приходят к небывалому до того смешению техник. Мокрые техники — акварель, гуашь, темпера — сочетаются с сухими — карандашами, углем, пастелью. Воз-

ГРИГОРЬЕВ Б.Д. (1886—1939). Музыканты. 1913—1914. Картон, гуашь, пастель, цветные карандаши. 44,5 x 63 (в свету)

никает своеобразная графическая
живопись на бумаге или картоне, что
в дальнейшем усложнит задачи ре-
ставрации этих произведений. Наследие каждого из художников «Мира искусства» велико и разнообразно. Наиболее «классическим» мастером в смысле профессионального
владения рисовальными техниками и
материалами был К.А.Сомов. Среди

его графических работ — великолеп-
ные карандашные портреты, отмеченные налетом рафинированности,
и поэтические акварельные пейзажи,
с тонким ощущением едва уловимых
состояний природы, написанные свободными мазками, перетеканием цветовых пятен. Особую «сомовскую»
тему составляют его фантазии на темы прошедшего времени, позволяю-

ГОНЧАРОВА Н.С. (1881 — 1962). *Испанки*. Около 1916. Бумага, графитный карандаш. 64,2 x 49

154

щие художнику с упоением переноситься в век минувший с его этикетом, изысканными манерами, костюмом, внося в трактовку образов нотки театральности и грусти. В творчестве Сомова вновь возрождается искусство миниатюры. Его маленькие акварели, стилистически связанные с веком двадцатым, хранят приемы миниатюрного письма, любовную тщательность старого искусства. Ретроспективная тема звучит и у других мастеров.

Образ старого Петербурга проходит лейтмотивом в творчестве А.Н.Бенуа и Е.Е.Лансере, умевших с необычайным чувством времени передать характер города Петровской эпохи. А.Н.Бенуа — глава и вдохновитель объединения «Мир искусства», широко образованный, историк искусства, мастер, наделенный тонким художественным чутьем, знанием эпохи, изысканным чувством цветовой гармонии. Его серия листов, посвященных Версалю, любимой теме художника, проникнута классическим спокойствием и торжественностью. Написанные в благородной, сдержанной гамме, они хранят графическую четкость в рисунке и композиции. Художник редко работает чистой акварелью. Ему нравится матовая, бархатистая поверхность, а потому он активно вводит белила, предпочитая плотную гуашь и даже темперу. Умение вызывать к жизни искусство прошлых столетий присуще большинству мирискусников. Не случайно многие из них с огромным успехом работали в театре.

Блестящим мастером, обладающим особым, графическим видением, был М.В.Добужинский. Его любимая тема — современный город в контрасте прошлого и настоящего, город в

его трагическом аспекте, безрадостный и однообразный, смотрящий глазницами своих окон. Рисунки Добужинского всегда композиционно крепко построены. Тусклый, приглушенный цвет, введенный в строго графическую ткань рисунка, создает грустный настрой его листов. В великолепном портрете поэта К.А.Сюннерберга, известном под названием «Человек в очках», тема враждебной человеку сущности города становится эмоциональным ключом в решении художественного образа. Чувством тревожной безысходности и одиночества проникнут образ одухотворенного человека, отвернувшегося от наступающего на него бездушного городского пейзажа. Портрет становится своеобразным символом, несущим нам творческое мироощущение художника начала XX века. По контрасту жизнерадостно звучит тема яркой национальной самобытности в творчестве таких мастеров, как Б.М.Кустодиев, Ф.А.Малявин, А.П.Рябушкин, увлеченных праздничностью народных обычаев, декоративностью национальных костюмов, своеобразной красотой русского характера.

Следующее поколение художников, заявившее о себе в 1910-е годы, в предчувствии революционных бурь и мировых катаклизмов, было поколением бунтарей и ниспровергателей традиций в искусстве. Многие талантливые мастера этого времени, принадлежащие к разным художественным направлениям, были превосходными рисовальщиками. Рисунок стал для них активной формой выражения собственной индивидуальности. В эти предреволюционные годы именно графика стала широким полем исканий, своеобразной лабораторией экспериментов. Увлечение искусством примитива, народным лубком ощущается в творчестве М.Ф.Ларионова и Н.С.Гончаровой. Нарочито упрощая и огрубляя натуру, Ларионов достигает в рисунке острой выразительности. Замечательным декоративным даром в рисунке обладала Гончарова. Великолепный лист «Испанки» (воспоминание о путешествии в эту страну) демонстрирует ее блестящее мастерство рисовальщика. Как бы распластанный по поверхности бумаги рисунок превращает весь лист в причудливое графическое узорочье. Решающее значение придавали рисунку А.Е.Яковлев и В.И.Шухаев, художники-неоклассицисты, обратившиеся к традициям академизма. Однако характерная для них кованность пластической формы сообщала их творчеству налет холодного и рассудочного мастерства.

Выдающимся рисовальщиком этого поколения был Б.Д.Григорьев, художник, владеющий индивидуальной, очень темпераментной рисовальной манерой. У него есть точки соприкосновения с неоклассицизмом, однако его рисунок отличается завидным разнообразием и виртуозностью. Обычно исполненные свинцовым карандашом, листы Григорьева поражают неожиданной гротескностью образов и одновременно рафинированностью их художественного языка. Чеканная пластичность его рисунков создается предельно лаконичными, гибкими линиями в сочетании с легкой, объемной тушевкой. В них всегда сохраняется та мера иллюзорной объемности и декоративной плоскостности, которая столь важна в графическом произведении.

Высокое профессиональное мастерство рисовальщика аналитического склада демонстрирует графическое наследие К.С.Петрова-Водкина. Его рисунки предреволюционных лет отмечены поисками «большого стиля» в искусстве. Редкий дар монументалиста придает его листам особую значительность. Стилистика рисунков художника отличается пластической ясностью, отточенностью формы, скульптурной монолитностью. Рисунок «Голова девушки», исполненный как подготовительный этюд к картине «Мать», обретает самостоятельную эстетическую ценность. Строгая красота русской мадонны, полной внутреннего достоинства и духовной чистоты, достигает классической цельности и эпичности.

Рядом с Петровым-Водкиным следует назвать имена его младших современников, целую плеяду талантливых рисовальщиков - Н.И.Альтмана, Ю.П.Анненкова, П.В.Митурича, Л.А.Бруни, В.В.Лебедева, Н.А.Сырсу, сформировавшихся и блестяще заявивших о себе в эти годы и продолжавших высокие традиции русского рисунка уже в новую эпоху.

История русского рисовального искусства, конечно, гораздо шире и многообразнее, чем удалось представить в этом очерке. Здесь оказалось возможным наметить лишь основные этапы и направления, обозначить наиболее значительные явления в истории рисунка, назвать главные имена, являющиеся вехами в его развитии. Коллекция рисунка Третьяковской галереи, показанная в залах музея, должна существенно дополнить и эмоционально обогатить впечатления зрителя.

ВРУБЕЛЬ М.А. Артистка Т.С.Любатович в роли Кармен. 1890-е. Бумага, акварель. 37.1 x 23.2

ЗАЛЫ 1–15

Живопись и скульптура XVIII –
первой половины XIX века

ЗАЛЫ 16–31, 35–37

Живопись и скульптура
второй половины XIX века

ЗАЛЫ 32–34, 38–48

Живопись и скульптура конца XIX –
начала XX века

ЗАЛЫ 49–54

Графика XVIII –
начала XX века

ЗАЛЫ 55–62

Древнерусское искусство XII –
XVII веков

Soule 4/07